Christof Gorny

Digitalisierung des Supply Chain Controllings

Chancen und Risiken des Einsatzes von Business Analytics

herausgegeben von
Prof. Dr. Marco Becker

Diplomica Verlag

Gorny, Christof: Digitalisierung des Supply Chain Controllings. Chancen und Risiken des Einsatzes von Business Analytics, Diplomica Verlag 2022

Buch-ISBN: 978-3-96146-884-3
PDF-eBook-ISBN: 978-3-96146-384-8
Druck/Herstellung: Diplomica Verlag, Hamburg, 2022
Covermotiv: pixabay.com

Schriftenreihe der Northern Business School zur angewandten Wissenschaft: Band 23
herausgegeben von:
Prof. Dr. Marco Becker
NBS Northern Business School
University of Applied Sciences
Holstenhofweg 62
22043 Hamburg
www.nbs.de

Bibliografische Information der Deutschen Nationalbibliothek:
Die Deutsche Nationalbibliothek verzeichnet diese Publikation in der Deutschen Nationalbibliografie; detaillierte bibliografische Daten sind im Internet über http://dnb.d-nb.de abrufbar.

Das Werk einschließlich aller seiner Teile ist urheberrechtlich geschützt. Jede Verwertung außerhalb der Grenzen des Urheberrechtsgesetzes ist ohne Zustimmung des Verlages unzulässig und strafbar. Dies gilt insbesondere für Vervielfältigungen, Übersetzungen, Mikroverfilmungen und die Einspeicherung und Bearbeitung in elektronischen Systemen.

Die Wiedergabe von Gebrauchsnamen, Handelsnamen, Warenbezeichnungen usw. in diesem Werk berechtigt auch ohne besondere Kennzeichnung nicht zu der Annahme, dass solche Namen im Sinne der Warenzeichen- und Markenschutz-Gesetzgebung als frei zu betrachten wären und daher von jedermann benutzt werden dürften.

Die Informationen in diesem Werk wurden mit Sorgfalt erarbeitet. Dennoch können Fehler nicht vollständig ausgeschlossen werden und die Bedey & Thoms Media GmbH, die Autoren oder Übersetzer übernehmen keine juristische Verantwortung oder irgendeine Haftung für evtl. verbliebene fehlerhafte Angaben und deren Folgen.

Alle Rechte vorbehalten

© Diplomica Verlag, Imprint der Bedey & Thoms Media GmbH
Hermannstal 119k, 22119 Hamburg
http://www.diplomica-verlag.de, Hamburg 2022
Printed in Germany

Schriftenreihe

Liebe Leserinnen und Leser,

Fragen zur Forschung und zur Lehre können wahrlich viele und mannigfaltigen Charakters sein. Zudem spiegeln sie alle das besondere Interesse an einem Themengebiet. Dieses allein reicht jedoch nicht aus – es muss auch die Bereitschaft zum fachlichen und inhaltlichen Diskurs vorhanden sein, zeichnet er „Wissenschaft" – in jeder Hinsicht – aus. Eben dafür hat es sich die NBS Northern Business School – University of Applied Sciences auch zur Aufgabe gemacht, ein passendes Forum für Lehrende und Studierende zu schaffen, in dem gezeigt werden kann, wie und wo Forschung – in Projekten und herausragenden Abschlussarbeiten – realisiert werden kann.

So sind die Ergebnisse und Studien, die im Hause zusammengetragen werden, doch die „Visitenkarte" für die Hochschule, die Lehrenden und Lernenden gleichermaßen. Dies ist immer wieder zu würdigen und herauszustellen. Entsprechend symbolisiert die Schriftenreihe den engen Kontakt zwischen den Hochschullehrern wie auch den Studierenden, der das Studieren, die Lehre und eben auch das Publizieren von gemeinsam erarbeiteten Erkenntnissen ausmacht. Dabei ist wesentlich, dass der Praxisbezug im eigenen Arbeiten mit gegeben ist – unabhängig von der Fachdisziplin.

Mit jedem neuen Band wird ein wenig mehr das Profil der Hochschule geschärft und die Inhalte von Forschung und Lehre nach außen getragen. So ist zu wünschen, dass die Reihe viele Leser in den Fach-Communities wie auch in der interessierten Öffentlichkeit finden wird und vorangegangene Forschungsfragen immer wieder zu neuen Projekten und Ideen für weitere Publikationen inspirieren werden.

Prof. Dr.-Ing. Uwe Här, Rektor

Hamburg, April 2020

Vorwort des Herausgebers dieses Bandes

Die NBS Northern Business School – University of Applied Sciences wurde im Jahr 2007 auf Initiative einiger Unternehmer aus der Metropolregion Hamburg gegründet. Neben der exzellenten akademischen Ausbildung von Studierenden in den Bachelor- und Master-Studiengängen zur Betriebswirtschaftslehre sowie in den beiden Bachelor-Studiengängen Soziale Arbeit und Sicherheitsmanagement hat sich die NBS das Ziel gesetzt, einen konstruktiven Dialog zwischen Theorie und Praxis zu etablieren. Es erfolgt dabei ein enger Austausch zwischen den Angehörigen der Hochschule auf der einen sowie Vertretern sowohl der öffentlichen als auch der privaten Wirtschaft auf der anderen Seite.

Mit ihrer Schriftenreihe bietet die NBS ihren herausragenden Studierenden die Gelegenheit, die im Zuge ihrer Abschlussarbeiten gewonnenen empirischen Ergebnisse sowie aktuelle und innovative Konzepte einer breiten Öffentlichkeit vorzustellen. Auf diese Weise soll eine akademische Diskussion über aktuelle Themen zwischen Theorie und Praxis initiiert werden. Zusätzlich trägt die Schriftenreihe der NBS maßgeblich zur Verzahnung sowohl zur Privatwirtschaft als auch in den öffentlichen Sektor bei.

Digitalisierung ist der zentrale Motor für Fortschritt, Wachstum und Wohlstand des 21. Jahrhunderts. Die digitale Transformation ist somit eine zentrale Aufgabe, der sich aktuell nahezu alle Unternehmen stellen müssen. Sie beginnt bei der Modernisierung bzw. Neuausrichtung des Geschäftsmodells und erstreckt sich auf nahezu alle Bereiche der Ablauforganisation eines Unternehmens. Dabei stehen nicht nur die Steuerung des eigenen Unternehmens, sondern insbesondere die unternehmensübergreifende Betrachtung der Wertschöpfungskette im Vordergrund. Gerade im digitalen Zeitalter kommt dem Controlling nicht nur der Wertschöpfung im Unternehmen, sondern entlang der gesamten unternehmensübergreifenden Wertschöpfungskette eine besondere Bedeutung zu.

Vorwort des Herausgebers dieses Bandes

Christof Gorny untersucht in dieser Arbeit die Digitalisierung der Supply Chain und lotet in diesem Zusammenhang die Chancen und Risiken des Einsatzes von Business Analytics im Supply Chain Controlling aus. Dabei widmet er sich folgenden vier zentralen Fragen:

1. Welche Aufgaben sollte ein Supply Chain Controlling wahrnehmen, um sowohl die operative als auch die strategische Entscheidungsfindung zu unterstützen?
2. Worin besteht Optimierungsbedarf in der Digitalisierung des Supply Chain Controllings?
3. Welche Chancen bieten Business Analytics Instrumente für das Supply Chain Controlling?
4. Welche Risiken müssen Unternehmen betrachten, wenn sie Business Analytics verstärkt im Supply Chain Controlling nutzen?

Neben dem Controlling unterliegt auch das Supply Chain Management einem kontinuierlichen Wandel. Der aktuelle Trend zur Ausweitung des Supply-Chain-Management-Ansatzes über die Grenzen des eigenen Unternehmens hinaus zu einem Supply Chain Network wird durch die fortschreitende Digitalisierung und insbesondere die unternehmensübergreifende Integration der IT-Systeme weiter beschleunigt. Darüber hinaus ist das Supply Chain Controlling inzwischen zu einem integralen Bestandteil des Supply Chain Managements avanciert. In der Praxis fällt vielen Unternehmen allerdings die Umsetzung eines wirksamen Supply Chain Controllings noch schwer. Mithilfe dieser Arbeit möchte Herr Gorny einen Beitrag dazu leisten, Unternehmen in die Lage zu versetzen das Chancen-Risiko-Verhältnis für den Aufbau eines modernen Supply Chain Controllings mit innovativen Methoden der Business Analytics und insbesondere dem Einsatz von sowohl prädiktiven als auch präskriptiven Modellen einschätzen zu können.

Ziel der NBS Schriftenreihe ist es, den vielfach regen und häufig fruchtbaren Dialog zwischen Hochschule und Praxis um eine weitere Facette zu bereichern. Als Herausgeber dieses Bandes der NBS Schriftenreihe freue ich mich, die herausragende Leistung von Herrn Gorny mit dieser Veröffentlichung würdig honorieren zu können.

Prof. Dr. Marco Becker

Hamburg, Mai 2022

Inhalt

Abkürzungsverzeichnis

Abbildungs- und Tabellenverzeichnis

1. Einleitung 15
    1.1   Problemstellung 15
    1.2   Ziele und Forschungsfragen 16
    1.3   Vorgehensweise 18

2. Theoretische Grundlagen 19
    2.1   Einführung in das Controlling 19
        2.1.1 Definition Controlling 19
        2.1.2 Definition SCC 21
        2.1.3 Erläuterung der Definiton 24
        2.1.4 Aufgaben und Umfang des SCC 26
            2.1.4.1 Einleitende Anmerkungen 26
            2.1.4.2 Unterstützung der strategischen Netzwerkgestaltung 27
            2.1.4.3 Lenkung der Prozesse mithilfe von Kennzahlen 29
            2.1.4.4 Cost Tracking 31
            2.1.4.5 Working Capital Management 32
        2.1.5 Rolle des Controllers im Kontext des SCC 34
    2.2. Einführung in die Digitalisierung / Digitale Transformation 35
        2.2.1. Definition des Digitalisierungsbegriffs 35
        2.2.2 Ansätze der Digitalisierung 36
        2.2.3 Business Analytics 39

      2.2.3.1 Begriffsdefinition / Kategorisierung 39

      2.2.3.2 Potentiale 41

3. Optimierungsbedarf des SCC 45

  3.1   Aktueller Stand der Digitalisierung des (Supply Chain) Controllings 45

  3.2   Optimierungsbedarf 47

4. Chancen des Einsatzes von Business Analytics im SCC 50

  4.1   Einsatz in strategischem SCC 50

      4.1.1 Unterstützung der strategischen Materialflussanalyse 50

      4.1.2 Strategische Lieferantenauswahl 51

      4.1.3 Verwendung qualitativer KPIs 52

  4.2   Cost Tracking / Cost Analysis 54

  4.3   Einsatz im WCM 55

      4.3.1 Forderungsmanagement 55

      4.3.2 Verbindlichkeitsmanagement 57

      4.3.3 Vorratsmanagement 58

  4.4   Forecasts 59

5. Risiken des Einsatzes von Business Analytics im SCC 61

  5.1   Komplexität der Implementierung 61

  3.2   Kosten 62

  5.3   Steigende Anforderungen an Controller 63

  5.4   Fachkräftemangel 64

6. Schlussbetrachtung 68

  6.1   Fazit und Beantwortung der Forschungsfragen 68

  6.2   Ausblick und zukünftiger Forschungsbedarf 73

Quellen- und Literaturverzeichnis 75

Abkürzungsverzeichnis

Balanced Scorecard	BCS
Business Intelligence	BI
Internationaler Controller Verein	IVC
International Group of Controlling	IGC
Order Fulfillment Cycle Time	OFC
Point of Sale	POS
Total Cost of Supply Chain	TCSC
Supply Chain Controlling	SCC
Supply Chain Management	SCM
Working Capital Management	WCM

Abbildungs- und Tabellenverzeichnis

Abbildung 1: Supply Chain BSC zwischen dm und seinen Lieferanten .. 28

Abbildung 2: Cash Conversion Cycle 33

Abbildung 3: Beispielhafte Visualisierung von Videospielverkäufen in Power BI 37

Abbildung 4: Einordnung von Business Analytics 40

Abbildung 5: Teildisziplinen der Business Analytics 40

Abbildung 6: Beispielhafte Visualisierung von Videospielverkäufen nach Unternehmen in Power BI 42

Abbildung 7: Digitalisierungsgrad des Controllings nach Unternehmensgröße 45

Abbildung 8: Einsatz von Business Intelligence nach Unternehmensgröße 46

Abbildung 9: Einsatz von Business Analytics nach Unternehmensgröße . 46

Abbildung 10: Studienergebnisse zur Suche nach qualifizierten Finanzfachkräfte 65

Abbildung 11: Studienergebnisse zur Dauer des Recruiting Prozesses von Finanzfachkräften 66

Abbildung 12: Studienergebnisse zu Herausforderungen bei der Suche nach Finanzfachkräften 67

Abbildungs- und Tabellenverzeichnis

Tabelle 1: Vier Definitionen des SCC nach Westhaus 22
Tabelle 2: Definitionskriterien des SCC nach Westhaus 24
Tabelle 3: Bewertung der Abschlussdefinition nach Westhaus durch die Teilnehmenden der Delphi-Studie 24
Tabelle 4: Auswahl von Kennzahlen im Supply Chain Controlling 31
Tabelle 5: Kategorisierung der Business Intelligence / Business Analytics 41
Tabelle 6: Auswahl einiger Qualitätskennzahlen im SCC 54

Gender Erklärung

Aus Gründen der besseren Lesbarkeit wird in dieser Bachelor-Thesis die männliche Sprachform verwendet. Es wird an dieser Stelle darauf hingewiesen, dass die ausschließliche Verwendung der männlichen Form geschlechtsunabhängig verstanden werden soll.

1. Einleitung

1. Einleitung

1.1 Problemstellung

Bereits Ende des 19. Jahrhunderts hat die US Amerikanische General Electric Companay als erstes Unternehmen weltweit die Stelle des Controllers eingeführt.[1] Die 1920er Jahre führten zu einem Aufschwung, da durch die steigende Anzahl von Großunternehmen Kommunikations- und Koordinationsprobleme aufgetreten sind.[2] Heute ist der Anspruch des Controllings, die aktuelle wirtschaftliche Situation eines Unternehmens zu erfassen, zu komprimieren, verständlich darzustellen und Handlungsempfehlungen auszusprechen.[3]

Dieser Anspruch wird erreicht, indem Controller über vielfältige Werkzeuge verfügen, die sich im Laufe der Jahre stetig weiterentwickelt haben. Die erste Controllerstelle hat primär die Koordinationsfunktion übernommen. Mit zunehmender Technisierung trat eine steigende Fixkostenbelastung ein, welche die unternehmerische Flexibilität stark einschränkte. Daraufhin wurden zahlreiche Führungsinstrumente erprobt, die bis heute Verwendung finden.[4]

Die aktuelle Entwicklung der vierten Industriellen Revolution ist die einer Verschmelzung der physischen und digitalen Welt. Dies führt zu einer Automatisierung diverser Prozesse wie den Transport von Waren oder der Produktion.[5] Im Rahmen dessen entstehen auch innovative Instrumente, die vom Controlling aufgegriffen und genutzt werden können.[6]

---

[1] Vgl. Steinhübel, Volker: Historische Entwicklung des Controllings, auf: https://www.controllingportal.de/Fachinfo/Grundlagen/Historische-Entwicklung-des-Controllings.html, 31.08.2021
[2] Vgl. Bachert, Robert / Pracht, Arnold: Basiswissen Controlling und operatives Controlling, 2. Auflage, Basel 2014, S. 12
[3] Vgl. Siehe Abschnitt 2.1.
[4] Vgl. Bachert / Pracht (2014), S. 12
[5] Vgl. Siehe Abschnitt 2.2.2.
[6] Vgl. Siehe Abschnitt 2.2.3.

1. Einleitung

Eines dieser Instrumente sind die Business Analytics (dt. Geschäftsanalytik). Unter Business Analytics werden all diese Instrumente zusammengefasst, die datenbasierte Prognosen und darauf abgestimmte automatische Entscheidungen ermöglichen. Die Business Analytics sind ein Themengebiet der Wirtschaftsinformatik, werden aber zunehmend von Controllern aufgegriffen. Aufgrund der zunehmenden Globalisierung, aus denen volatilere und dynamischere Märkte resultieren, ist schnelles Reagieren wichtiger denn je. Business Analytics können Unternehmen bei genau dieser Entwicklung unterstützen und damit Wettbewerbsvorteile generieren.[7]

Aufgrund der Globalisierung agieren Unternehmen zudem nicht mehr nur auf regionalen, sondern auf internationalen Märkten. Mit dem steigenden logistischen Aufwand gewinnt neben den Business Analytics ein weiterer Aspekt des Controllings an Bedeutung: das Supply Chain Controlling (SCC).[8] Als Unterstützungsfunktion des Supply Chain Managements (SCM) dient das SCC als Steuerungseinheit der Lieferkette und kann damit dessen Wirtschaftlichkeit fördern. Dabei gibt es jedoch insbesondere in der Informationsgewinnung einige Besonderheiten, bei denen die Digitalisierung eingesetzt werden kann.[9]

Im Rahmen dieser Thesis soll untersucht werden, wie Unternehmen Stellen des SCC gestalten, von der digitalen Entwicklung profitieren und Business Analytics Nutzen können und welche Risiken sie dabei beachten müssen.

1.2 Ziele und Forschungsfragen

Während sowohl das Controlling als auch das SCM umfassend und laufend erforscht werden, ist zur Stabsstelle SCC verhältnismäßig wenig Literatur erhältlich. Zwar beschäftigen sich einige Werke mit der Definition und Konzeptualisierung[10], es fehlt jedoch an konkreten Zusammenfassungen der

---

[7] Vgl. Siehe Abschnitt 2.2.3.
[8] Vgl. Siehe Abschnitt 2.1.4.
[9] Vgl. Siehe Abschnitt 3.
[10] Vgl. Westhaus, Magnus: Supply Chain Controlling – Definition, Forschungsstand, Konzeption, 1. Auflage, Wiesbaden 2007, S. 1ff.

Kernaufgaben und Instrumente. Daher kann folgende einleitende Forschungsfrage formuliert werden:

Forschungsfrage 1: Welche Aufgaben sollte ein SCC wahrnehmen, um sowohl die operative als auch die strategische Entscheidungsfindung zu unterstützen?

Weiterhin ist der Bereich der Digitalisierung des SCCs ebenfalls unzureichend erforscht. Während herkömmliche Instrumente des Controllings bereits digitalisiert sind, bietet das SCC einige Besonderheiten, die es zu beachten gilt.[11] Dazu soll erarbeitet werden, ob aktuell Optimierungsbedarf besteht und wie Unternehmen den Status Quo angehen können. Daraus kann folgende Forschungsfrage abgeleitet werden:

Forschungsfrage 2: Worin besteht Optimierungsbedarf in der Digitalisierung des SCCs?

Die Beantwortung der beiden einleitenden Forschungsfragen unterstützt dabei, den anschließenden Kernaspekt der vorliegenden Thesis anzugehen. Die Untersuchung der Optimierungsmöglichkeiten für das SCC wird auf den Themenbereich Business Analytics eingegrenzt, da dieses insbesondere in den letzten Jahren eine steigende Aufmerksamkeit in der Unternehmenswelt erhält. Bei zunehmender Verwendung in unterschiedlichen Geschäftsfeldern gibt es sowohl Chancen als auch Risiken, die sich für das SCC ergeben.[12] Daher werden abschließend zwei weitere Forschungsfragen definiert:

Forschungsfrage 3: Welche Chancen bieten Business Analytics Instrumente für das SCC?

Forschungsfrage 4: Welche Risiken müssen Unternehmen betrachten, wenn sie Business Analytics verstärkt im SCC nutzen?

---

[11] Vgl. Siehe Abschnitt 4.
[12] Vgl. Siehe Abschnitt 4. & 5.

1. Einleitung

1.3 Vorgehensweise

Die vorliegende Thesis baut auf einer umfangreichen Literaturrecherche auf. Da sich der Inhalt auf ein aktuelles Thema bezieht und Innovationen in der datenbasierten Geschäftsanalytik zusammenfasst, wurde überwiegend auf aktuelle Literatur zurückgegriffen. Dabei werden sowohl primäre als auch sekundäre Quellen verwendet. Um die größtmögliche Aktualität zu erreichen, wurde weiterhin eine Vielzahl an Internetquellen von Fachportalen hinzugezogen und durch eigene Webrecherche ergänzt.

Die Thesis gliedert sich in eine Einleitung, einen Hauptteil und eine Schlussbetrachtung. Zu Beginn wird eine kurze Einführung in die Thematik gegeben und es werden Forschungsfragen formuliert.

Im Hauptteil folgt zunächst eine Einführung in das Themengebiet des Controllings, bevor anschließend das SCC definiert und dessen Aufgabenfelder dargestellt werden. Dabei wird auch die Rolle des Controllers im SCC betrachtet. Es folgt eine Zusammenfassung des Themenkomplexes Digitalisierung mit einer Übersicht über aktuelle, für das Controlling relevante Trends, bevor die Business Analytics in Funktion und Aufbau beschrieben werden. Im Anschluss wird die Digitalisierung des SCC auf mögliche Optimierungspotentiale untersucht. Der Kern der Thesis besteht aus einer Auflistung und Erläuterung möglicher Chancen und Risiken, die Unternehmen bei der Implementierung von Business Analytics im Controlling beachten müssen.

In der Schlussbetrachtung wird ein Fazit gezogen und es werden die Forschungsfragen beantwortet. Außerdem wird ein Ausblick auf die Zukunft gewährt.

2. Theoretische Grundlagen

2.1 Einführung in das Controlling

2.1.1 Definition Controlling

Nach Wöhe ist unter dem Begriff Controlling „die Summe aller Maßnahmen zu verstehen, die dazu dienen, die Führungsbereiche Planung, Kontrolle, Organisation Personalführung und Information so zu koordinieren, dass die Unternehmensziele optimal erreicht werden."[13]

Peter Horváth beschreibt das Controlling als „Subsystem der Führung, dass Planung und Kontrolle sowie Informationsversorgung systembildend und systemkoppelnd ergebniszielorientiert koordiniert und so die Adaption und Koordination des Gesamtsystems unterstützt."[14] Sowohl die Definition nach Wöhe als auch die nach Horváth beziehen sich primär auf die Koordinationsfunktion des Controllings. Sie sehen im Controlling die Aufgabe, anhand gegebener Informationen und Strukturen verschiedene Unternehmensbereiche zu koordinieren und damit die Führung zu unterstützen.

Weiterhin ist der Definitionsansatz von Weber und Schäffer zu nennen. Demnach ist Gegenstand des Controllings vor allem die Rationalitätssicherung der Führung.[15] Rationale Führung ist nur dann möglich, wenn sowohl ausreichend Methoden- als auch Faktenwissen vorhanden ist. Faktenwissen liegt beispielsweise in Form von Datengrundlagen in der Willensbildungsphase vor. Weisen die vorhandenen Datengrundlagen qualitative Mängel auf oder werden nicht ausreichend genutzt, können Rationalitätsdefizite entstehen.[16]

---

[13] Wöhe, Günter: Einführung in die Allgemeine Betriebswirtschaftslehre, 25. Auflage, München 2007, S. 181
[14] Vgl. Horváth, Peter: Controlling, 11. Auflage, München 2009, S. 125
[15] Vgl. Weber, Jürgen / Schäffer, Utz: Einführung in das Controlling, 12. Auflage, Stuttgart 2008, S. 43
[16] Vgl. Weber, Jürgen / Schäffer, Utz: Rationalitätssicherung der Führung, 1. Auflage, Wiesbaden 2001, S. 34f.

2. Theoretische Grundlagen

Eine weitere Funktion des Controllings wird in der Definition von Reichmann ersichtlich. Nach Reichmann ist das Controlling die „zielbezogene Unterstützung von Führungsaufgaben, die der systemgestützten Informationsbeschaffung und Informationsverarbeitung zur Planerstellung, Koordination und Kontrolle dient; es ist eine rechnungswesen- und vorsystemgestützte Systematik zur Verbesserung der Entscheidungsqualität auf allen Führungsstufen der Unternehmung."[17] Hier wird primär die Informations- und Interventionsfunktion des Controllings als zentrales Instrument dargestellt.[18]

Da sich die verschiedenen Controlling Konzeptionen in Inhalt und Umfang teilweise stark voneinander unterscheiden, haben sich der Internationaler Controller Verein (ICV) und die International Group of Controlling (IGC) auf eine gemeinsame Grundsatzposition geeinigt, die wiederum auf der Definition von Albrecht Deyhle basiert und die vorangegangenen Konzepte zusammenfasst:

"Controlling ist Führungsarbeit. Es bedeutet, vom Ziel her zu denken und alle Entscheidungen an ihren Erfolgswirkungen auszurichten.

Damit kommt den Aktivitäten des Planens und Kalkulierens sowie der Kontrolle und Steuerung eine zentrale Bedeutung zu. Dies gilt für jede einzelne Führungsentscheidung wie auch für die Führung des Unternehmens insgesamt (Unternehmenssteuerung).

Im letztgenannten Fall gilt es sicherzustellen, dass Informationsversorgung, Planung und Kontrolle im Rahmen der Unternehmenssteuerung ineinander greifen:

1. Die Willensbildung im Rahmen von Strategieentwicklung und Planung definiert die Ziele und die Mittel zu ihrer Erreichung. Die damit verbundene Beschäftigung mit der Zukunft hilft zudem, diese auch dann besser zu bewältigen, wenn alles ganz anders kommt als geplant.
2. Im Rahmen der Kontrolle wird geprüft, ob die Ziele erreicht werden und - wenn nicht - wo die Ursachen dafür liegen. Die so gewonnenen

---

[17] Reichmann, Thomas: Controlling mit Kennzahlen und Managementberichten, 7. Auflage, München 2006, S. 13
[18] Vgl. Hubert, Boris: Controlling Konzeptionen, 1. Auflage, Wiesbaden 2015, S. 8

> *Erkenntnisse werden möglichst frühzeitig genutzt, um gegenzusteuern und Ausführung sowie Planung zu verbessern.*
> 3. *Planung und Kontrolle zusammen setzen dem Einzelnen im Unternehmen Grenzen, ermöglichen aber genau dadurch dezentrale Freiräume und Initiative.*
> 4. *Aufgrund der Komplexität des Steuerungsprozesses ist es wesentlich, das Controlling-Denken in allen Köpfen zu verankern ("Mitarbeiter überzeugen, dass sie dabei mitmachen.")*[19]

Nachdem die verschiedenen Controlling Ansätze nun definiert sind und ein Überblick über das Aufgabenspektrum im Allgemeinen gegeben wurde, widmet sich der nächste Teilabschnitt dem SCC.

2.1.2 Definition SCC

Ähnlich wie zum allgemeinen Controlling herrscht auch bei der Definition des SCC Uneinigkeit zwischen den Forschenden.[20] Magnus Westhaus startete aus diesem Grund eine Delphi Studie, um eine theorieorientierte Konzeptualisierung des SCC zu entwickeln.[21] Die Studie wurde in 3 Phasen eingeteilt:

In der ersten Phase sollten 22 Forschende eine eigene Definition des SCC geben, um den aktuellen Stand der Forschung zu erfassen. Aus diesen Definitionen wurden in der 2. Phase vier verschiedenen Definitionen zusammengefasst, die von den Forschenden jeweils auf einer Skala von 1 (= volle Zustimmung) bis 5 (= volle Ablehnung) bewertet werden sollten. Zusätzlich wurden Einzelkriterien zur Bewertung vorgelegt. In Phase 3 der Delphi Studie wurde dann anhand der Bewertung der vier Definitionen und der Einzelkriterien eine ganzheitliche Definition zusammengefasst.[22]

Die vier Ausgangsdefinitionen, die Kriterien und die daraus resultierende synthetisierte Definition werden im Folgenden aufgezeigt:

---

[19] Gänßlen et al.: Grundsatzposition des ICV und der IGC, Wörthsee / St. Gallen 2012, S. 2f.
[20] Vgl. Westhaus (2007), S. 1
[21] Vgl. Westhaus (2007), S. 2
[22] Vgl. Westhaus (2007), S. 32

2. Theoretische Grundlagen

Nr.	Definition	Zustimmungsquote
1	„SCC stellt eine unternehmensübergreifende Führungsunterstützungsfunktion dar. Es hat die Aufgabe, alle Partner kettenweit mit Informationen zu versorgen, um die logistischen Prozesse zwischen den Wertschöpfungspartnern sicherzustellen."[23]	59%
2	„SCC stellt eine auf die Führungsunterstützung in der Supply Chain ausgerichtete Ausprägung des Controlling dar. Die Führungsunterstützung erstreckt sich auf die im Vorfeld zu treffenden Integrationsentscheidungen [Auswahl von Partnern, Prozessen und Managementkomponenten] sowie auf die konzeptionelle Gestaltung und Koordination des Informations- sowie Planungs- und Kontrollsystems für die Zwecke der Logistik."[24]	79%
3	„SCC umfasst die systembildende und systemkoppelnde Planung und Kontrolle sowie Informationsversorgung der gesamten Material-, Informations-, Finanz- und Dienstleistungsflüsse innerhalb einer Kette von Unternehmen, die zur Entwicklung, Erstellung und Verwertung von Sachgütern und/oder Dienstleistungen kooperieren und unterstützt so die ergebniszielorientierte Adaption und Koordination des Gesamtsystems."[25]	62%
4	„SCC sichert Rationalität und Reflexion bei der Gestaltung und Optimierung der Supply Chain. Dazu ist ein Führungssystem zu schaffen, welches mit Hilfe der systembildenden und systemkoppelnden Koordination des SCC unterstützt wird. Hierdurch sollen alle unternehmensübergreifenden Prozesse zwischen den Wertschöpfungspartnern sichergestellt werden."[26]	66%

Tabelle 1: Vier Definitionen des SCC nach Westhaus[27]

---

[23] Westhaus (2007), S. 38f.
[24] Westhaus (2007), S. 39
[25] Westhaus (2007), S. 39
[26] Westhaus (2007), S. 39
[27] Westhaus (2007), S. 38f.

Kategorie 1: SCC sollte folgende Unternehmensübergreifende Entscheidungen unterstützen:					
Bewertung	1	2	3	4	5
Strategische Gestaltung des Netzwerks	19	2	0	0	0
Operative Lenkung der Prozesse	14	1	5	0	1
Kategorie 2: SCC sollte folgende Unternehmensübergreifenden Prozesse unterstützen:					
Bewertung	1	2	3	4	5
Produktentwicklungsprozesse	5	9	5	0	2
Logistikprozesse	17	4	0	0	0
Produktverwertungsprozese	6	10	5	0	0
Kategorie 3: SCC sollte folgende Unternehmensübergreifende Flüsse unterstützen:					
Bewertung	1	2	3	4	5
Materialfluss	15	3	1	1	1
Informationsfluss	16	2	2	0	1
Dienstleistungsfluss	4	9	6	1	1
Finanzfluss	7	4	5	3	2
Rechtefluss	1	3	9	6	2
Kategorie 4: SCC unterstützt die unternehmensübergreifende Führung durch:					
Bewertung	1	2	3	4	5
Kontextspezifische Rationalitätssicherung	10	8	1	1	1
Kontextspezifische Koordination	12	6	1	2	0
Kategorie 5: SCC unterstützt die unternehmensübergreifende(n):					
Bewertung	1	2	3	4	5
Informationsversorgung	18	2	1	0	0
Planung und Kontrolle	16	4	1	0	0
Führungsprozesse in ihrer Gesamtheit	9	4	5	0	3

2. Theoretische Grundlagen

Kategorie 6: Die Institutionalisierung des SCC sollte … erfolgen					
Bewertung	1	2	3	4	5
hierarchisch	5	3	8	0	1
heterarchisch	8	2	6	1	0

Tabelle 2: Definitionskriterien des SCC nach Westhaus[28]

Die daraus resultierende Abschlussdefinition des SCC nach Westhaus lautet damit wie folgt:

„SCC unterstützt das SCM bei der strategischen Gestaltung eines unternehmensübergreifenden Netzwerkes sowie der daraus resultierenden Lenkung der operativen interorganisationellen Prozesse. SCC basiert dabei auf einer unternehmensübergreifenden Informationsversorgungsfunktion und unterstützt dadurch auch die netzwerkweite Planung und Kontrolle. Insbesondere legt das SCC seinen Fokus auf die unternehmensübergreifende Unterstützung der Logistik, um einen Beitrag zur Sicherung der Informations- und Materialflüsse innerhalb des Netzwerkes zu leisten."[29]

Bewertung	1	2	3	4	5
Anzahl	0	14	4	2	1

Tabelle 3: Bewertung der Abschlussdefinition nach Westhaus durch die Teilnehmenden der Delphi-Studie[30]

Der vorliegenden Definition des SCC von Westhaus wird damit von einem Großteil der Forschenden zugestimmt und bildet damit auch die Grundlage für die vorliegende Forschungsarbeit.

2.1.3 Erläuterung der Definiton

Zur Erläuterung der Definition der SCC werden im Folgenden die Schlagwörter bzw. Textbausteine der vorangegangenen Definition im Einzelnen betrachtet.

---

[28] Vgl. Westhaus (2007), S. 40
[29] Westhaus (2007), S. 46
[30] Vgl. Westhaus (2007), S. 46

2. Theoretische Grundlagen

„SCC unterstützt das SCM…" [31]

Zunächst wird der Handlungsspielraum des SCC auf die Unterstützung des SCM eingegrenzt, also der Steuerung der Unternehmensnetzwerke entlang der gesamten Wertschöpfungskette. Darin sind auch die vertikalen Ebenen (Lieferanten – Hersteller – Kunden) eingebunden.[32]

„…bei der strategischen Gestaltung eines unternehmensübergreifenden Netzwerkes sowie der daraus resultierenden Lenkung der operativen interorganisationellen Prozesse…" [33]

Strategische Gestaltung bzw. strategische Planung bezeichnet die Planung über einen Zeitraum von 5 - 10 Jahren (zum Vergleich: operative Planung bis ein Jahr, taktische Planung 1 - 5 Jahre). Hauptgegenstand ist dabei insbesondere die Sicherung bestehender Erfolgspotentiale, die Erschließung neuer Erfolgspotentiale und die Verringerung von Risikopotentialen.[34] Hier wird zudem das unternehmensübergreifende Netzwerk genannt, welches bereits in der Beschreibung des SCM als vertikale Ebenen beschrieben wurde. Die strategische Gestaltung des unternehmensübergreifenden Netzwerkes bezeichnet demnach die langfristige Planung des Zusammenspiels aus Lieferanten, Herstellern und Kunden. Darunter fallen Aufgaben wie das Lieferantenmanagement,[35] die Unterstützung des Produktions-[36] / Absatzprozesses[37] und die daraus resultierenden Operativen Aufgaben.

„…SCC basiert dabei auf einer unternehmensübergreifenden Informationsversorgungsfunktion…" [38]

Im nächsten Teilabschnitt der Definition wird die Informationsversorgungsfunktion angesprochen. Diese ist, wie bereits in Abschnitt 2.1.1. ausführlich beschrieben, ein wesentlicher Bestandteil des Aufgabenspektrums des

---

[31] Westhaus (2007), S. 46
[32] Vgl. Werner, Hartmut: Supply Chain Management – Grundlagen, Strategien, Instrumente und Controlling, 6. Auflage, Wiesbaden 2017, S. 5
[33] Westhaus (2007), S. 46
[34] Vgl. Wöhe (2007), S. 76
[35] Vgl. Werner (2017), S. 187
[36] Vgl. Werner (2017), S. 340f.
[37] Vgl. Werner (2017), S. 141
[38] Westhaus (2007), S. 46

Controllings und dient als Unterstützungsfunktion des Managements zur Entscheidungsvorbereitung.[39]

„...*und unterstützt dadurch auch die netzwerkweite Planung und Kontrolle...*" [40]

Mit Planung und Kontrolle werden an dieser Stelle zwei weitere wichtige Aspekte des Controllings angesprochen, die ebenfalls Teil der gemeinsamen Definition des ICV und der IGC ist.[41]

„*...Insbesondere legt das SCC seinen Fokus auf die unternehmensübergreifende Unterstützung der Logistik, um einen Beitrag zur Sicherung der Informations- und Materialflüsse innerhalb des Netzwerkes zu leisten.*" [42]

Im abschließenden Teil der Definition wird der Kernbereich des SCC noch einmal genauer umrissen. Auch hier spielt die Unternehmensübergreifende Unterstützung wieder eine primäre Rolle, wobei hier insbesondere auf die Logistik, also alle Transport- und Lagerungsprozesse entlang der Supply Chain,[43] eingegangen wird. Neben den klassischen Materialfluss beschäftigt sich das SCC aber auch mit dem Informationsfluss (siehe Informationsversorgungsfunktion).[44]

2.1.4 Aufgaben und Umfang des SCC

2.1.4.1 Einleitende Anmerkungen

Durch die vorliegende Definition und die vormals hohe Anzahl verschiedener Klassifizierungsansätze herrscht bei den vom SCC wahrzunehmenden Aufgaben eine breite Streuung.[45] Bei der Detailsicht auf die Definition des SCCs sind einige Aufgabenbereiche bzw. spezifische Aufgaben bereits ersichtlich geworden. Nachfolgend werden verschiedene Aufgabenbereiche

---

[39] Vgl. Siehe Abschnitt 2.1.1.
[40] Westhaus (2007), S. 46
[41] Vgl. Siehe Abschnitt 2.1.1.
[42] Westhaus (2007), S. 46
[43] Vgl. Arnold et al.: Handbuch Logistik, 3. Auflage, Berlin 2008, S. 3
[44] Vgl. Siehe Abschnitt 2.1.1.
[45] Vgl. Winkler, Carsten: Supply Chain Controlling – Konzeption und Gestaltung, 1. Auflage, Düsseldorf 2008, S. 159

präsentiert, die nach den verschiedenen Definitionsansätzen bzw. der synthetisierten Definition nach Westhaus kategorisiert sind.

2.1.4.2 Unterstützung der strategischen Netzwerkgestaltung

Nach Holger Siebert beschreibt ein Unternehmensnetzwerk „die koordinierte Zusammenarbeit zwischen mehreren rechtlich selbstständigen und formal unabhängigen Unternehmen".[46] Lieferanten, Hersteller und Vertrieb können beispielsweise ein Netzwerk bilden und gemeinsam in der gleichen Produktions- und Lieferkette agieren.

Die strategische Netzwerkgestaltung kann z.B. durch eine Materialflussanalyse unterstützt werden. Diese dient zur Erfassung aller Transportvorgänge und (geplanten sowie ungeplanten) Lagerungen.[47] Das SCC kann hierbei eine Optimierung der Kapitalbindung erzielen, in dem sichergestellt wird, dass es weder zu einem Übermaß, noch zu einer Knappheit an Material und Gütern kommt. Dazu ist die Berechnung der benötigten Bestände an bestimmten Orten und Zeiten sowie die Kosten- und Leistungsoptimale Auswahl der Akteure in der Lieferkette notwendig.[48]

Die Lieferantenauswahl kann mit dem Einsatz der Balanced Scorecard (BSC) unterstützt werden. Die BSC liefert, anders als klassische Kennzahlensysteme (z.B. DuPont), neben Finanzkennzahlen auch Qualitative Merkmale als Orientierungsgrößen für langfristige Ziele (z.B. Forschung & Entwicklung, Kundenbindung, Mengen- /Liefertreue der Lieferanten) und eignet sich damit zur strategischen Planung.[49]

In der folgenden Abbildung wird eine BSC am Beispiel der Drogeriekette dm gezeigt, die die strategische Ausrichtung der Supply Chain enthält.

---

[46] Vgl. Siebert, Holger: Ökonomische Analyse von Unternehmensnetzwerken, in: Sydow, Jörg (Hrsg.): Management von Netzwerkorganisationen, 5. Auflage, Wiesbaden 2010, S. 7-28, hier: S. 9
[47] Vgl. Werner (2017), S. 66
[48] Vgl. Taschner, Andreas / Charifzadeh, Michael: Steuerung der Materialflüsse, auf: https://www.haufe.de/controlling/controllerpraxis/supply-chain-controlling/steuerung-der-materialfluesse_112_227878.html, 30.06.2021
[49] Vgl. Wöhe (2013), S. 203

2. Theoretische Grundlagen

Strategie für die Supply Chain
Die Produktverfügbarkeit am Point of Sale (POS) muss X% bei minimalen Kosten der gesamten Supply Chain errreichen

Finanzen	Prozess	Kooperationen
• Bestandsreichweite Versandzentrale (VZ) / Zahlungsziel (Vergleich) • Days Sales Outstanding	• Präsenzlücken dm-Filialen • Termintreue Lieferant dm-VZ • Bestandsreichweiten dm-VZ • Bestandsreichweiten dm-Filialen • Forecast Genauigkeit für Aktionen (Anzahl) • Reklamationsquote für Rechnungen	• Durchschnittlicher Zufriedenheits-/Vertrauensindex für Zusammenarbeit mit Lieferanten aus Befragung (zwei bis drei Kennzahlen)

Abbildung 1: Supply Chain BSC zwischen dm und seinen Lieferanten[50]

Die Allgemeine Strategie für die Supply Chain richtet sich in diesem Beispiel an der Produktverfügbarkeit am POS. Diese muss einen bestimmten Prozentsatz x mit dem Ziel der minimalen Kosten an der gesamten Supply Chain erreichen. Diese Strategie wird in den Bereichen Finanzen, Prozess und Kooperation in Teilziele aufgeteilt. So kann das SCC die strategische Netzwerkgestaltung mit klassischen Controlling Instrumenten unterstützen.[51] Aber auch bei den operativen Prozessen gibt es diverse Handlungsmöglichkeiten, die im nächsten Abschnitt aufgezeigt werden.

---

[50] Vgl. Bacher, Andreas: Instrumente des Supply Chain Controlling, 1. Auflage, Wiesbaden 2004, S. 294
[51] Vgl. Bacher (2004), S. 297

2.1.4.3 Lenkung der Prozesse mithilfe von Kennzahlen

Die Lenkung bzw. Steuerung des operativen Geschäfts ist eine der grundlegendsten Aufgaben des Controllings. Nach Bernhard Schröter gehört dazu die Erfassung, Gliederung und Dokumentation interner Wertbewegungen bei der Leistungserstellung sowie die Planung, Steuerung und Berichterstattung der operativen Prozesse.[52] Das Controlling arbeitet dabei insbesondere mit Kennzahlen.[53] Kennzahlen sind Werte, „die quantitativ messbare Sachverhalte in aussagekräftiger, komprimierter Form wiedergeben."[54] Sie haben eine Informations- und Steuerungsfunktion[55], die bereits in Abschnitt 2.1.1. als Kernaufgaben des Controllings definiert wurden. Über Kennzahlen können sowohl Ziele gesetzt (z.B. in der Produktion die Ausschussquote zu reduzieren oder im Absatz die Exportquote zu erhöhen) als auch Reportings (Statusberichte) für das Management aufbereitet werden. Daher werden unterschiedliche Kennzahlen je nach Einsatzbereich klassifiziert:

Key Performance Indicators (KPI): Strategischer Charakter, grundsätzliche Aussage zur Performance

Business Performance Indicators (BPI): Taktischer Charakter, mittelfristige Betrachtung

Process Performance Indicators (PPI): Operativer Charakter, genaue und kleinteilige Betrachtung[56]

Zur Erläuterung kann hier die Kennzahl „Order Fulfillment Cycle Time" (OFC, Zeitspanne zwischen Auftragsannahme und Lieferung)[57] herangezogen werden. Diese ist zunächst strategischer Natur. Hinter dem Prozess der Auftragsbearbeitung steckt jedoch eine Vielzahl von Teilprozessen, unter anderem Beschaffung, Produktion, Montage und Distribution.[58]

---

[52] Vgl. Schröter, Bernhard: Operatives Controlling, 1. Auflage, Wiesbaden 2002, S. 69
[53] Vgl. Controllingportal: Bilanzkennzahlen zur Bilanzanalyse, auf: https://www.controllingportal.de/Fachinfo/Kennzahlen/Bilanzkennzahlen-zur-Bilanzanalyse.html, 09.07.2021
[54] Vgl. Wöhe (2011), S. 201
[55] Vgl. Wöhe (2011), S. 202
[56] Vgl. Werner (2017), S. 365
[57] Vgl. Geier, Sebastian: Demand Fulfillment bei Assemble-to-Order, 1. Auflage, Wiesbaden 2014, S. 18
[58] Vgl. Geier (2014), S. 32

2. Theoretische Grundlagen

Die taktischen BPI sind in diesem Fall die Beschaffungszeiten, Lagerzeiten oder Produktionszeiten. Unterteilt man diese BPI nun in weitere Teilprozesse, erhält man PPI – bei der Beschaffungszeit sind es zum Beispiel Bestellanforderungs- oder Materialdispositionskontrollzeiten.[59]

An diesem Beispiel wird auch erkenntlich, inwieweit das SCC im SCM auf die operativen Prozesse einwirken kann. Durch Kennzahlen (-systeme) bzw. Kennzahlenvergleiche können die aktuellen quantitativen Begebenheiten der Supply Chain bewertet (und anschließend in Form eines Reporting an Entscheidungsträger kommuniziert werden.[60]

Im Folgenden werden einige Kennzahlen gezeigt, die im SCC Verwendung finden. Es handelt sich dabei um eine kleine Auswahl häufig verwendeter KPIs und PPI.

Kategorie	Kennzahl	Aussage
Strategisch	Total Lead Time	Gesamte Durchlaufzeit der Supply Chain
Strategisch	Order Fulfillment Cycle Time	Durchschnittliche Zeitspanne zwischen Eingang der Kundenbestellung und Auslieferung
Strategisch	Average Stock Level	Durchschnittliche Lagerbestände (Hohe Lagerbestände führen zu Kapitalbindungskosten)
Operativ	Cash to Cash Cycle Time	Zeitspanne zwischen Liquiditätsabfluss (Begleichen der Lieferantenrechnung) und Liquiditätszufluss (Eingang Kundenzahlung)
Operativ	Cost per Order	Durchschnittliche Kosten pro Bestellung
Operativ	Service Level	Prozentualer Anteil der problemlos abgeschlossenen Kundenaufträge
Operativ	Average Delivery Time	Durchschnittliche Lieferzeit

---

[59] Vgl. Werner (2017), S. 365
[60] Vgl. Werner (2017), S. 366

2. Theoretische Grundlagen

Operativ	Orders per Day	Durchschnittliche Anzahl der eingegangenen Bestellungen pro Tag
Operativ	Inventory Turnover	Lagerumschlag bzw. wie oft der gesamte Lagerbestand in einem bestimmten Zeitraum verkauft wird

Tabelle 4: Auswahl von Kennzahlen im Supply Chain Controlling[61]

Neben dem Einsatz von Kennzahlen zur Steuerung und Informationsversorgung besteht einer der Kernaufgaben des SCC im Cost Tracking.

2.1.4.4 Cost Tracking

„Das Cost Tracking (dt. Kostenverfolgung / Kostenanalyse) ist ein spezielles Überwachungssystem, welches dem Aufzeigen der Erfolgswirksamkeit von Unternehmungsaktivitäten dient. Es ist häufig in ein Reportingsystem (Berichtswesen) integriert und als besondere Ausprägungsform einer Abweichungsanalyse ausgestaltet."[62]

Als eine der Kernaufgaben des Controllings stellt das Cost Tracking den Ausgangspunkt einer Kostensenkungsstrategie dar.[63] Im SCC spielt dabei die Total Cost of Supply Chain (TCSC, die Gesamtkosten entlang der Lieferkette) die zentrale Rolle.[64] In der TCSC sind alle Kosten zusammengefasst, die in der Supply Chain anfallen. Dazu gehören alle Entwicklungsschritte, zugekaufte Materialien, in Anspruch genommene Dienst- oder Serviceleistungen und nachträgliche Leistungen wie z.B. Garantiearbeiten.[65] In 1998 fand eine Untersuchung der Unternehmensberatungsgesellschaft Pittiglio Rabin Todd & McGrath (PRTM) heraus, dass Best Practice Unternehmen einen Vorteil von 45% Supply Chain Kosten im Vergleich zu durchschnittlichen Mitbewerbern haben.[66] Daraus wird die Bedeutung des Cost Trackings sichtbar.

---

[61] Eigene Darstellung
[62] Werner, Hartmut: Kompakt Edition: Supply Chain Controlling, 1. Auflage, Wiesbaden 2014, S. 109
[63] Vgl. Schröter (2002), S. 63
[64] Vgl. Kern, Daniel: Determining the Total Cost of Supply Chain: A TCO-Approach to Supply Chain Optimization, in: Essays on Purchasing and Supply Management, 1. Auflage, Wiesbaden 2011, S. 99-135, hier: S. 100
[65] Vgl. Wu, Claudia: Total Suply Chain Cost Model, 1. Auflage, Cambridge 2005, S. 20
[66] Vgl. Petterson / Segerstedt: Measuring Supply Chain Cost, in: International Journal of Production, Ausgabe 143, Amsterdam 2013, S. 357-363, hier: S. 358

2. Theoretische Grundlagen

Mithilfe effektiver Kostenanalysen bzw. Kostensenkungsstrategien ist es Unternehmen möglich, Gewinnmargen zu optimieren und Wettbewerbsvorteile zu erhalten.[67]

Als Instrumente zur Kostenanalyse steht dem Controlling unter anderem die Prozesskostenanalyse zur Verfügung. Dabei wird nach Aufgabenfeldern und Arbeitsabläufen gesucht, in denen maßgebliche Kostensenkungspotentiale vorhanden sind.[68] Zur genaueren Analyse der Produktkosten bzw. Produktentwicklungskosten kann zudem das Target Costing, zum direkten Vergleich des Wettbewerbs das Benchmarking angewendet werden. Bei einer Betrachtung der gesamten Lebenszykluskosten eines Produktes hat sich zudem das Life Cycle Costing als sehr wirksam erwiesen.[69]

2.1.4.5 Working Capital Management

Das Working Capital ist eine absolute Kennzahl. Es existiert zwar keine einheitliche Definition oder Berechnung, der gemeinsame Konsens besteht aber in der Betrachtung des kurzfristig gebundenen Kapitals innerhalb eines Unternehmens. Das Ziel des Working Capital Managements (WCM) ist die Reduzierung bzw. Optimierung dessen. Im Rahmen dieser Thesis wird die Berechnung nach Heesen und Moser verwendet, die wie folgt lautet:

$Roh-, Hilfs-\ und\ Betriebsstoffe$
$+\ Halbfertigerzeugnisse$
$+\ Fertigerzeugnisse$
$+\ Geleistete\ Anzahlungen$
$+\ Forderung\ aus\ Lieferungen\ und\ Leistungen$
$-\ Erhaltene\ Anzahlungen$
$-\ Verbindlichkeiten\ aus\ Lieferungen\ und\ Leistungen$
$=\ Working\ Capital$[70]

---

[67] Vgl. Schröter (2002), S. 63f.
[68] Vgl. Schröter (2002), S. 63
[69] Vgl. Mayr, Albert: Veränderung im Kostenmanagement durch die Digitalisierung, in: Feldbauer-Durstmüller (Hrsg.): Controlling – Aktuelle Entwicklungen und Herausforderungen, 1. Auflage, Wiesbaden 2019, S. 137-162, hier: S. 140
[70] Vgl. Heesen, Bernd / Moser, Oliver: Working Capital Management. 3. Auflage, Wiesbaden 2017, S. 2f.

2. Theoretische Grundlagen

Das WCM gewinnt im Rahmen des SCC zunehmend an Bedeutung. Die COVID-19 Pandemie hat 2020 eine Wirtschaftskrise ausgelöst, durch die viele kleine und mittlere Unternehmen von starkem Umsatzrückgang betroffen sind.[71] Zum Schutz vor einer möglichen Zahlungsunfähigkeit können Unternehmen einerseits auf staatliche Hilfen zurückgreifen,[72] andererseits mithilfe von WCM die Freisetzung des gebundenen Kapitals dafür nutzen, Liquiditätsreserven aufzubauen und damit die laufenden Geschäftstätigkeit aufrecht zu erhalten. Weiterhin kann damit die Rentabilität erhöht[73] und die Bilanzstruktur optimiert werden.[74]

Dieses Ziel kann unter anderem mit der Verkürzung der Kapitalbindungsdauer erreicht werden. Zur Betrachtung dient hierbei der Cash Conversion Cycle, sprich der Zeitraum zwischen dem Geldausgang beim Zahlen einer Verbindlichkeit und dem Geldeingang nach dem Verkauf des Produkts.

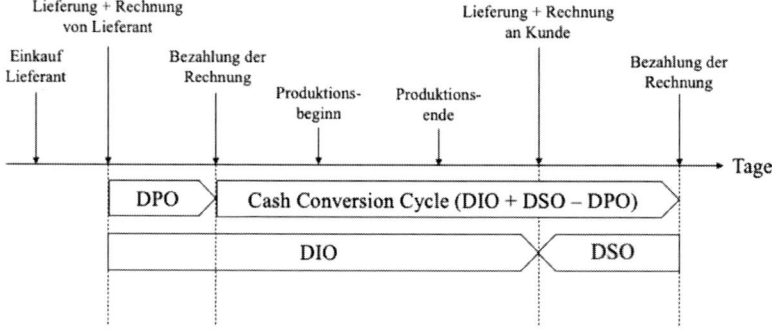

Abbildung 2: Cash Conversion Cycle[75]

---

[71] Vgl. Tagesschau.: Händler befürchten Pleitewelle, auf: https://www.tagesschau.de/wirtschaft/corona-folgen-handel-101.html, 12.08.2021
[72] Vgl. Seite des Bundesministeriums für Wirtschaft und Energie: Informationen zur Unterstützung von Unternehmen, auf: https://www.bmwi.de/Redaktion/DE/Coronavirus/coronahilfe.html, 12.08.2021
[73] Vgl. Steffens, Thorsten: Working Capital Management als Instrument des Finanzcontrollings, https://www.controllingportal.de/Fachinfo/Grundlagen/Working-Capital-Management-als-Instru- ment-des-Finanzcontrolling.html, 12.08.2021
[74] Vgl. Klepzig, Heinz: Working Capital und Cash Flow, 3. Auflage, Wiesbaden 2014, S.25
[75] In Anlehnung an: Seppelfricke, Peter: Unternehmensanalysen, 1. Auflage, Stuttgart 2019, S. 149

2. Theoretische Grundlagen

$$\text{Days Inventories Outstanding} + \text{Days Sales Outstanding}$$
$$- \text{Days Payables Outstanding}$$
$$= \text{Cash Conversion Cycle Time}$$

Mithilfe von Forderungs-, Vorrats- und Verbindlichkeitsmanagement können damit Optimierungspotentiale erkannt werden und die Dauer und Höhe der Kapitalbindung verringert werden.[76]

2.1.5 Rolle des Controllers im Kontext des SCC

Sowohl in der deutschen, als auch in der internationalen Literatur wird der Wandel des Rollenverständnisses des Controllers als eine Entwicklung vom *Erbsenzähler zum Business Partner* thematisiert. Der Erbsenzähler ist dabei auf Kosten und Details fokussiert, während der Business Partner die proaktive und ganzheitlich unternehmensorientierte Rolle einnimmt.[77] Dabei ist zu betonen, dass sich die Rolle des Controllers ständig erweitert, nicht jedoch ersetzt wird. Untersuchungen zeigen, dass Controller zwar vermehrt höherwertige Analysen durchführen, diese jedoch nicht die klassischen, kostenorientierten Aufgaben ersetzen. Sie arbeiten zunehmend Managementorientiert und erhalten eine stärkere Entscheidungsbeteiligung.[78]

Durch die steigende Bedeutung des so genannten Business Partnerings entwickelt sich zudem das Anforderungsprofil eines Controllers. Zu fundiertem Fachwissen, analytischem Denken und Abstraktionsfähigkeit sind zudem Durchsetzungsfähigkeit in kritischen Situationen und Entscheidungsorientierung gefragt.[79]

In den vorangegangenen Abschnitten wurde das Aufgabenspektrum der Supply Chain Controller bereits erläutert. Er bereitet netzwerksbezogene Informationen auf und berichtet diese an die entsprechenden Supply Chain Manager. Im Gegensatz zum wachsenden Business Partnering des Controllings

---

[76] Vgl. Siehe Abschnitt 4.3.
[77] Vgl. Wolf, Tanja / Heidlmayer, Melanie: Die Auswirkung der Digitalisierung auf die Rolle des Controllers, in: Feldbauer-Durstmüller, Claudia (Hrsg.): Controlling – Aktuelle Entwicklungen und Herausforderungen, 1. Auflage, Wiesbaden 2019, S. 21-48, hier: S. 26
[78] Vgl. Wolf / Heidlmayer (2019), S. 27
[79] Vgl. Gleich, Roland: Controller als Change Agent, in: Controllingprozesse optimieren, 1. Auflage, München 2013, S. 25-38, hier: 2. 27ff.

obliegt die Willensbildung im SCC überwiegend dem SC Manager als Koordinator der Supply Chain.[80] Der SC Controller dient demnach überwiegend als Entlastung und Ergänzung des SC Managers.[81] Durch den Umfang der Supply Chain und die vielfältigen Analyseansätze sind bei SC Controllern insbesondere fundiertes Fachwissen, analytisches Denken und Kommunikationsstärke in der Diskussion mit Entscheidungsträgern gefragt.[82]

Bei der Betrachtung der Wandlung des Rollenverständnisses darf weiterhin der Aspekt der Digitalisierung nicht vernachlässigt werden. Die daraus resultierenden Änderungen im Anforderungsprofil werden in Abschnitt 5.3. ausführlich diskutiert.

2.2. Einführung in die Digitalisierung / Digitale Transformation

2.2.1. Definition des Digitalisierungsbegriffs

Zunächst ist anzumerken, dass die Begriffe Digitalisierung und digitale Transformation keine Synonyme sind.

Digitalisierung beschreibt den Prozess, bei dem Informationen in maschinenlesbare Daten umgesetzt und gespeichert sowie für diverse Vorgänge der Datenverarbeitung und -übermittlung.[83] Gemeint ist damit also die Umwandlung des Analogen in das Digitale, der Computer dient dabei als Übersetzungs- und Speichermedium. Die erste Verwendung des Wortes „digitization" ist auf das Jahr 1954 zurückzuführen,[84] im deutschen Sprachgebrauch taucht das Wort Digitalisierung erstmals 1985 auf.[85] Die Strategie der Deutschen Bundesregierung, Gesellschaft, Bildung und Wirtschaft zu digitalisieren und darüber hinaus miteinander zu vernetzen, wird auch als Digitalisierungsstrategie bezeichnet.[86]

---

[80] Vgl. Westhaus (2007), S. 253
[81] Vgl. Westhaus (2007), S. 254
[82] Vgl. siehe Abschnitt 2.1.4.4.
[83] Vgl. Heese et al: Digitalisierung, in: Informationen zur politischen Bildung, Heft 344, Bonn 2020, S. 5
[84] Vgl. merriam-webster.com, 26.07.2021
[85] Vgl. owid.de, 26.07.2021
[86] Vgl. Die Bundesregierung: Digitalisierung gestalten – Umsetzungsstrategie der Bundesregierung, unter: https://www.bundesregierung.de/resource/blob/992814/1605036/ad8d8a0079e287f694f04cbccd93f591/digitalisierung-gestalten-download-bpa-data.pdfm, 26.07.2021

2. Theoretische Grundlagen

Überleitend dazu kann hier der Begriff „digitale Transformation" hinzugezogen werden. Unter digitaler Transformation versteht man die Vernetzung von Akteuren (z.B. Unternehmen und Kunden) über die gesamte Wertschöpfungskette unter Einsatz neuartiger Technologien. Damit soll die Gewinnung, Auswertung und der Austausch von Daten gefördert und optimiert werden.[87] Daraus können wiederum weitere Aktivitäten abgeleitet oder Entscheidungen getroffen werden[88], welche im Folgenden Abschnitt genauer betrachtet werden.

2.2.2 Ansätze der Digitalisierung

Die Digitalisierung von Unternehmen kann auf vielfältige Weise erfolgen. Obwohl die vorliegende Arbeit sich primär auf den Aspekt der Business Analytics konzentriert, werden in diesem Abschnitt kurz die unterschiedlichen Ansätze der Digitalisierung dargestellt, da diese oft ineinander greifen und so ein grundsätzliches Verständnis für die Thematik hergestellt werden kann.

Industrie 4.0 – oder die 4. Industrielle Revolution ist der laufende Prozess der Vernetzung zwischen Mensch, Maschine und industriellen Prozessen. Ziel der Industrie 4.0 ist eine vollständige Automatisierung des Produktions- und Fertigungsprozesses: Maschinen steuern selbstständig Input und Output, autonome Serviceroboter reparieren fehlerhafte Geräte und der Transport von Waren oder Menschen läuft automatisch.[89] Als Beispiel für diese Prozesse kann ein Fulfillment Center des US-amerikanischen Handelskonzerns Amazon hinzugezogen werden, bei dem die Lagerung und der Transport der Güter durch autonom fahrende Roboter übernommen wird.

Dieses Zusammenspiel zwischen der physischen und der digitalen Welt ist auch als „Internet of Things" bekannt.

---

[87] Vgl. Schallmo, Daniel / Rusnjak, Andreas: Roadmap zur Digitalen Transformation von Geschäftsmodellen, in: Schallmo et al.: Digitale Transformation von Geschäftsmodellen, 1. Auflage, Wiesbaden 2017, S. 1-32, hier: S. 5
[88] Vgl. Bundesministerium für Wirtschaft und Energie: Industrie 4.0 und Digitale Wirtschaft – Impulse für Wachstum, Beschäftigung und Innovation, Berlin 2015, S.3
[89] Bundesministerium für Wirtschaft und Industrie: https://www.bmwi.de/Redaktion/DE/Dossier/industrie-40.html, 27.07.2021

2. Theoretische Grundlagen

Internet of Things – oder kurz IoT ist per Definition „[…] eine weltweite Infrastruktur der Informationsgesellschaft, die fortgeschrittene Dienste ermöglicht, indem physische und digitale Dinge auf der Basis von bereits existierenden und noch in der Entwicklung befindenden Informations- und Kommunikationstechnologien verknüpft werden". [90] Als Beispiel kann hier das Thema Smart Home aufgegriffen werden. Alltäglich genutzte Haushaltsgegenstände wie Radios, Lampen oder Heizungen sind mit kleinen Mikrochips versehen, die eine zentrale Steuerung über das Smartphone jederzeit und überall möglich machen.[91]

Big Data – bezeichnet Datenmengen, die so umfassend und komplex sind, dass sie mit herkömmlichen, analogen Methoden nur schwer oder gar nicht verarbeiten lassen.[92] Mithilfe von Business Intelligence Software wie PowerBI können diese jedoch sinnvoll dargestellt werden, wie die folgende Abbildung zeigt:

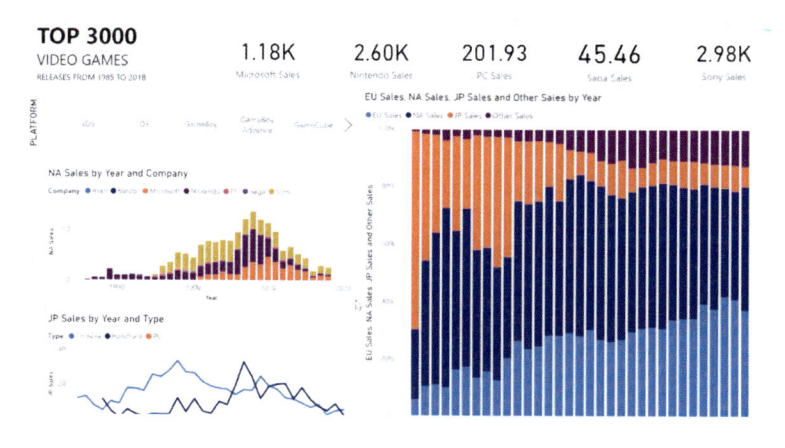

Abbildung 3: Beispielhafte Visualisierung von Videospielverkäufen in Power BI[93]

---

[90] International Telecommunication Union: Overview of the internet of things, https://www.itu.int/ITU-T/recommendations/rec.aspx?rec=y.2060, 27.07.2021
[91] Vgl. Cirani et al.: Internet of Things – Architectures, Protocols and Standards, 1. Auflage, New Jersey 2019, S. 1
[92] Vgl. SAS: Big Data, auf: https://www.sas.com/de_de/insights/big-data/what-is-big-data.html, 27.07.2021
[93] Vgl. https://powerbi.microsoft.com/de-de/desktop/, 27.07.2021

2. Theoretische Grundlagen

Diese großen Datenmengen können, wenn sie entsprechend aufbereitet und visualisiert sind, zur datenbasierten Entscheidungsfindung genutzt werden[94], was insbesondere von Startup Unternehmen genutzt wird.[95]

Cloud Computing – ist ein Modell, dass eine umfassende Netzwerkstruktur aus Servern, Rechner und Services ermöglicht. Diese kann jederzeit bereitgestellt und angepasst werden. Ziel dabei ist es, diese Netzwerkstruktur möglichst eigenständig nutzen zu können, ohne dass Interaktionen mit einem Service Provider nötig sind.[96] In Zusammenhang mit Big Data könnte Cloud Computing genutzt werden, um die großen Datenmengen zu speichern und jederzeit abrufbar bereitzustellen.

Künstliche Intelligenz – bezeichnet das Teilgebiet der Informatik, welches sich mit dem softwaregestützten Simulieren von menschlichem Verhalten beschäftigt.[97] Zur Erläuterung kann hier der Turing-Test hinzugezogen werden. Bei diesem Test stellt eine Testperson über eine Tastatur und einen Bildschirm Fragen an zwei unbekannte Gesprächspartner (ein Mensch und ein Computer). Ziel ist es, dass die Testperson am Ende einer Befragung nicht eindeutig bestimmen kann, welcher Gesprächspartner der Mensch und welcher der Computer ist – dann gilt der Turing Test des Computers als bestanden.[98]

Machine Learning – ist die computergestützte Vorhersage von Mustern anhand bereits vorhandener Informationen.[99,100] Die Qualität und der Umfang der Datenquelle ist dabei entscheidend für die Genauigkeit der Prognose.[101] Wenn die Informationen über verkaufte Videospiele aus Abbildung 3 in entsprechendem Umfang in ein Machine Learning System eingespeist werden,

---

[94] Vgl. Fraunhofer Institut: Big Data Analytik, auf: https://www.ipa.fraunhofer.de/de/Publikationen/studien/studie-big-data- analytik.html, 26.07.2021
[95] Vgl. Henke et al: The Age of Analytics, auf: www.mckinsey.de/ files/the-age-of-analytics-full-report.pdf, 26.07.2021
[96] Vgl. Grance, Timothy / Mell, Peter: The NIST defiiniton of cloud computing, in: NIST Special Publication 800-145, Gaithersburg 2011, S.2
[97] Vgl. Russel, Stuart / Norvig, Peter: Artificial Intelligence – a modern approach, 3. Auflage, Harlow 2016, S. 2
[98] Vgl. Turing, Alan: Computing Machinery and Intelligence, in: Mind, Ausgabe LIX / 236, Oxford 1950, S. 433-460, hier: S. 433ff.
[99] Vgl. Mohri / Rostamizadeh / Talwalkar: Foundations of machine learning, 2. Auflage, London 2018, S. 1
[100] Vgl. Russell / Norvig (2016), S. 2f.
[101] Vgl. Mohri / Rostamizadeh / Talwalkar (2018), S. 1

können Prognosen über zukünftige Absätze getroffen werden.[102] Darauf können Unternehmen datenbasierte Entscheidungen aufbauen und zukünftige Strategien ableiten. Ein weiterer Einsatzzweck sind Chatbots als autonomer Kundensupport.[103]

2.2.3 Business Analytics

2.2.3.1 Begriffsdefinition / Kategorisierung

Um den Begriff Business Analytics zu verstehen, muss dieser zunächst in den Themenkomplex Business Intelligence (BI) eingeordnet werden. In der modernen Literatur herrscht Uneinigkeit über den Umfang von BI. Einerseits werden damit gesammelte Methoden zum Datenmanagement, der Analyse und der Entscheidungsunterstützung bezeichnet[104,105], andererseits werden diese Methoden nur auf vergangenheitsbasierte Analysen bezogen.[106,107] Als gemeinsamer Konsens kann jedoch verstanden werden, dass Business Analytics eine Teildisziplin der BI sind und die Methoden beschreibt, die auf der Nutzung von Simulationen, Prognosen und Zusammenhangsanalysen basieren.[108,109] Im Gegensatz zu klassischen, vergangenheitsbasierten Analyseverfahren beschäftigen sich Business Analytics also mit zukunftsbezogenen Aussagen. In der folgenden Abbildung 4 wird der Begriff eingeordnet, indem klassische Fragestellungen der Business Analytics nach ihrem Grad an „Intelligence" klassifiziert werden.

---

[102] Siehe Abschnitt 2.2.2.
[103] Vgl. WhosOn: Chatbot Learning – Everything you need to know about machine learning chatbots, auf: https://www.whoson.com/chatbots-ai/chatbot-learning-everything-need-know-machine-learning-chatbots/, 27.07.2021
[104] Vgl. Saxena, Rahul / Srinivasan, Anand: Business Analytics – A Practitioner's Guide, 1. Auflage, New York 2013, S. 85
[105] Vgl. Klumbies, Hans: Datengrundlagen für Entscheidungen schaffen, auf: https://www.mittelstandswiki.de/wissen/Geschäftsanalytik, 28.07.2021
[106] Vgl. Gronau / Thimm / Fohrholz: Business Analytics in der Deutschen Praxis – Aktueller Stand und Herausforderungen, in: Controlling, Januar 2016, S. 473-480, hier: S. 473f.
[107] Vgl. ABAS-ERP: Business Intelligence vs. Business Analytics – wo liegen die Unterschiede?, auf: https://abas-erp.com/de/news/business-analytics-vs-business-intelligence-wo-liegen-die-unterschiede, 28.07.2021
[108] Vgl. Gronau / Thimm / Fohrholz (2016), S. 473f.
[109] Vgl. Tableau: Was ist Business Intelligence, auf: https://www.tableau.com/de-de/learn/articles/business-intelligence, 28.07.2021

2. Theoretische Grundlagen

Abbildung 4: Einordnung von Business Analytics[110]

Stufen (von unten nach oben) mit zunehmendem Wettbewerbsvorteil und Grad an „Intelligence":
- Standardberichte
- Ad-Hoc Analysen
- Abfragen / Drilldown
- Alarme
- Statistische Analyse — Warum passiert das?
- Vorhersage / Exploration — Was, wenn diese Trends anhalten?
- Prognosemodelle — Was wird als nächstes passieren?
- Optimierung — Was ist das Beste, das passieren kann?

Besonders die drei letzten Fragestellungen im oberen Teil der Abbildung sind für die Business Analytics von Bedeutung. Für eine weitere Klassifizierung werden diese Fragen nun mit eigenen Teildisziplinen kombiniert, auf die im Folgenden noch im Detail eingegangen wird.

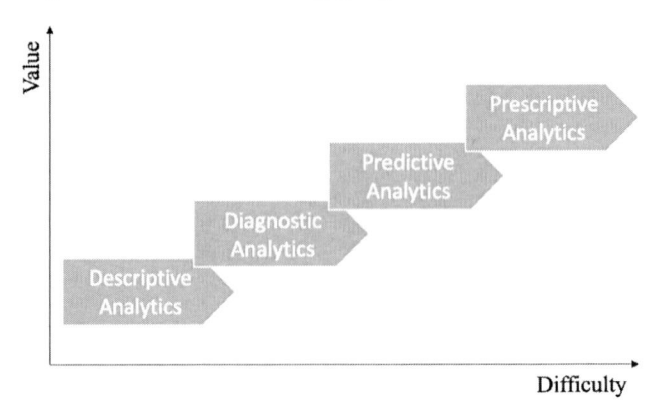

Abbildung 5: Teildisziplinen der Business Analytics[111]

(Value vs. Difficulty: Descriptive Analytics → Diagnostic Analytics → Predictive Analytics → Prescriptive Analytics)

---

[110] In Anlehnung an: Davenport, Thomas / Harris, Jeanne: Competing on Analytics, 1. Auflage, Boston 2007, S. 8 (Übersetzt)

[111] In Anlehnung an: https://ople.ai/ai-blog/how-automl-paves-the-path-to-predictive-and-prescriptive-analytics/, 28.07.2021

2. Theoretische Grundlagen

Nach Verknüpfung beider Abbildung können die einzelnen Disziplinen der Business Intelligence / Business Analytics wie folgt kategorisiert werden:

Teildisziplin	Kernaussagen	Methoden
Descriptive Analytics	Was ist passiert?	Standardberichte Ad-Hoc-Berichte
Diagnostic Analytics	Warum passiert das?	Drilldowns Statistische Analysen
Predictive Analytics	Was wird (als nächstes) passieren? Was passiert, wenn dieser Trend anhält?	Prognosemodelle
Prescriptive Analytics	Wie können wir das erreichen? Was ist das Beste, was wir erreichen können?	Strategische Optimierungsmodelle

Tabelle 5: Kategorisierung der Business Intelligence / Business Analytics[112]

Mit der erfolgten Kategorisierung können im nächsten Abschnitt die Methoden der einzelnen Disziplinen genauer untersucht und Potentiale aufgezeigt werden. Da sich die vorliegende Arbeit insbesondere auf den geschäftsanalytischen Teil (also die Prognosebasierten Instrumente) bezieht, wird die Teildisziplin Descriptive Analytics im Folgenden nicht weiter mit einbezogen – diese ist eine reine vergangenheitsbezogene Auswertung. Die Diagnostic Analytics beziehen sich zwar ebenfalls auf Vergangenheitswerte, mit der Ursachenanalyse können jedoch die Predicitive und Prescriptive Analytics gestützt werden.

2.2.3.2 Potentiale

Einsatz von Diagnostic Analytics

Diagnostic Analytics sind, wie bereits im vorherigen Abschnitt zusammengefasst, eine Reihe von Methoden zur Analyse von Daten und Informationen,

---

[112] Eigene Darstellung auf Basis Ref. (81) und (82)

um die Frage „Warum ist etwas passiert?" zu beantworten.[113] Auf Basis quantitativer Methoden wie Drilldowns und Statistischen Analysen können so für das Management entscheidungsrelevante Informationen gewonnen werden.

Zur Erläuterung des Konzepts kann hier erneut die Abbildung 3 (Videospielverkäufe) hinzugezogen werden. In der dargestellten Ebene werden nur deskriptive, also beschreibende Informationen gezeigt. Über welchen Hersteller pro Jahr wie viele Videospiele veräußert wurden, gibt bereits einen ersten Aufschluss über die Struktur des Geschäfts / Marktes und seine Entwicklung.

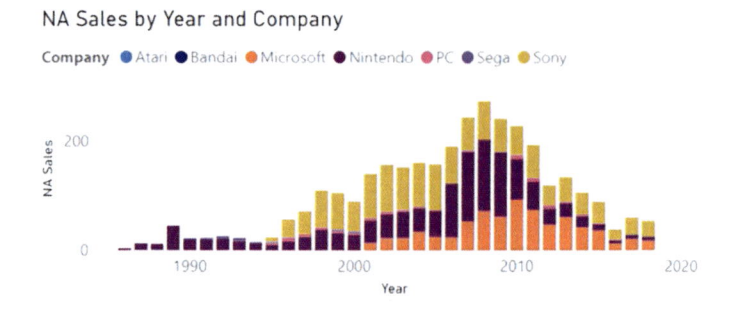

Abbildung 6: Beispielhafte Visualisierung von Videospielverkäufen nach Unternehmen in Power BI[114]

Um daraus diagnostische Rückschlüsse ziehen zu können, fehlen jedoch die Informationen über die Ursache. An dieser Stelle kommen die so genannten „Drilldowns" (von einer allgemeinen Informationsebene auf eine detaillierte wechseln)[115] zum Einsatz. Um das zu realisieren, müssen die Daten entsprechen vorher gesammelt und aufbereitet sein (unter anderem durch Big Data, siehe Abschnitt 2.2.2.). Die im Beispiel genannten Videospielverkäufe können in einem Drilldown mit Informationen über die Altersstruktur der Käufer, Marketingbudgets oder Entwicklungszeit ergänzt werden, um statis-

---

[113] Vgl. Gartner Glossary, https://www.gartner.com/en/information-technology/glossary/diagnostic-analytics, 02.08.2021
[114] https://powerbi.microsoft.com/de-de/desktop/, 27.07.2021
[115] Vgl. Cambridge Dicitonary, https://dictionary.cambridge.org/de/worterbuch/englisch/drilldown, 02.08.2021

tische Zusammenhänge zu erkennen und daraus Strategien für zukünftige Projekte abzuleiten.

Einsatz von Predictive Analytics

Im nächsten Schritt können die gewonnenen Informationen für eine Prognose verwendet werden. Mit prädiktiven Analysen werden aktuelle und historische Daten untersucht, um mithilfe von statistischen Techniken, Data Mining, Künstlicher Intelligenz und Machine Learning Vorhersagen über zukünftige Ereignisse treffen.

Das Potential in Predictive Analytics und Machine Learning sitzt insbesondere in der Verwendung von Big Data: da mit steigender Datenmenge die Vorhersagegenauigkeit wächst[116], können die großen Datenmengen zur Erhöhung der Präzision des Prognosemodells verwendet werden. Die Qualität der vorliegenden Daten ist dabei jedoch maßgeblich für den Erfolg.[117]

Die Einsatzmöglichkeiten solcher Prognosemodelle sind insbesondere im Controlling sehr vielfältig. Sie können unter anderem bei der strategischen und operativen Planung, Forecasts, Kostenrechnungen und im Risikomanagement eingesetzt werden.[118]

Einsatz von Prescriptive Analytics

Die Prescriptive Analytics sind die letzte und damit komplexeste Phase der Business Analytics. Sie gehen über die Erkenntnisse der Predictive Analytics hinaus und haben zum Ziel, komplexe Datenlagen auszuwerten und daraus konkrete Strategien zu entwickeln.[119,120] Es werden also nicht nur passiv Daten ausgewertet, sondern aktive Handlungsempfehlungen ausgesprochen.

---

[116] Vgl. Bohanec / Borstnar / Robnik-Sikonja: Explaining machine learning models in sales predictions, auf: https://www.researchgate.net/profile/Marko_Robnik-Sikonja/publication/309885039_Explaining_ma- chine_learning_models_in_sales_predictions/links/5b646e97458515298ce42c40/Explaining-machine-learning-models-in-sales-predictions.pdf, 02.08.2021
[117] Vgl. Mohri / Rostamizadeh / Talwalkar (2018), S. 1
[118] Vgl. Möller, Klaus / Pieper, Svenja: Predictive Analytics im Controlling, in: IM+io Fachzeitschrift für Innovation, Organisation und Management, 12/2014, S. 40-45, hier: S. 43
[119] Vgl. Semmelmann, Kilian: Was ist Prescriptive Analytics? auf: https://datadrivencompany.de/prescriptive-analytics/, 05.08.2021
[120] Vgl. Camm et al.: Business Analytics – Descriptive, Predictive, Prescriptive, 1. Auflage, Boston 2021, S. 6

2. Theoretische Grundlagen

Die Prescriptive Analytics gelten damit als Grundbaustein des vollautomatisierten Arbeitens.[121]

Ein einfaches Prescriptive Modell kann aus einem Predictive Modell entwickelt werden, indem Regeln für Entscheidungen einprogrammiert werden. Diese Modelle werden auch als „Regelbasierte präskriptive Modelle" bezeichnet.[122] Als vereinfachte Überlegung kann hier das Beispiel der Videospielverkäufe aus Abbildung 6 hinzugezogen werden. Wenn ein prädiktives Modell eines Videospielproduzenten prognostiziert, über welche Spielekonsole in den kommenden Jahren wie viel Umsatz zu erwarten ist, kann das Modell mit der Regel „ab einem erwarteten Umsatz von x€ wird das kommende Videospiel auf dieser Konsole veröffentlicht" ergänzt werden. Damit kann automatisch eine Entscheidung getroffen werden, ohne dass ein manueller Eingriff erforderlich ist.[123]

Neben den regelbasierten Modellen gibt es weiterhin Optimierungsmodelle. Diese sind etwas komplexer und zum Beispiel im Vertrieb nutzbar. Anhand historischer Produktverkaufsdaten können zukünftige Absätze in Menge und Zeit ermittelt und darauf basierend passende Werbeaktionen oder Rabatte freigeschaltet werden.[124]

---

[121] Vgl. Luber, Stefan: Was ist Prescriptive Analytics, 2018, auf: https://www.bigdata-insider.de/was-ist-prescriptive-analytics-a-675521/, 05.08.2021
[122] Vgl. Camm et al (2021) S. 6
[123] Vgl. Camm et al. (2021), S. 6f.
[124] Vgl. Camm et al. (2021) S. 6

3. Optimierungsbedarf des SCC

3.1 Aktueller Stand der Digitalisierung des (Supply Chain) Controllings

Die Digitalisierung des Controllings ist Gegenstand vieler Forschungsarbeiten.[125] Egle und Keimer der Hochschule Luzern haben 2016 in einer Studie den Digitalisierungsgrad des Controllings in Unternehmen verschiedener Größe untersucht. Dabei wurden separate Befragungen zum allgemeinen Stand der Digitalisierung und der einzelnen Instrumente durchgeführt.[126]

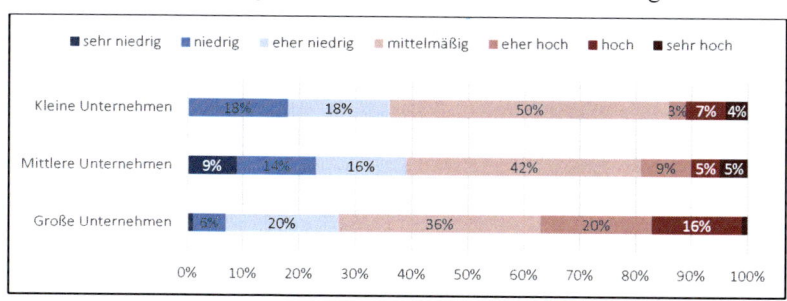

Abbildung 7: Digitalisierungsgrad des Controllings nach Unternehmensgröße[127]

Demnach sind bei den befragten kleinen und mittleren Unternehmen tendenziell niedrige bis mittelmäßige, bei großen Unternehmen hingegen eher mittelmäßige bis hohe Digitalisierungsgrade erreicht.[128] Noch deutlicher wird

---
[125] Vgl. unter anderem Güler, Hasan: Digitalisierung operativer Controlling Prozesse, 1. Auflage, Wiesbaden 2021 und Langmann, Christian: Digitalisierung im Controlling, 1. Auflage, Wiesbaden 2019
[126] Vgl. Egle, Ulrich / Keimer, Imke: Digitaler Wandel im Controlling, Zug 2016, S.1ff.
[127] Vgl. Egle / Keimer (2016), S. 6
[128] Nach Definition der europäischen Kommission: Kleine Unternehmen: 10 - 49 Mitarbeiter – und – bis 10 Millionen € Umsatz -oder- bis 10 Millionen € Bilanzsumme
Mittlere Unternehmen: 50 - 249 Mitarbeiter – und – bis 50 Millionen € Umsatz -oder- bis 43 Millionen € Bilanzsumme
Große Unternehmen: ab 250 Mitarbeiter – und – über 50 Millionen € Umsatz -oder- über 43 Millionen € Bilanzsumme
auf: https://www.ifm-bonn.org/definitionen/kmu-definition-der-eu-kommission, 09.08.2021

3. Optimierungsbedarf des SCC

das Bild durch die Frage nach dem Einsatz von Business Intelligence und Business Analytics:

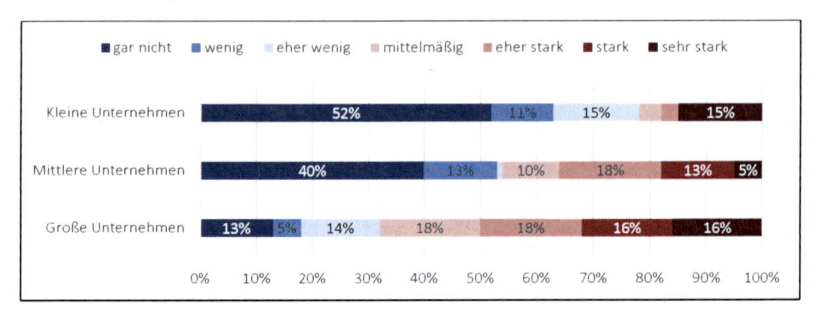

Abbildung 8: Einsatz von Business Intelligence nach Unternehmensgröße[129]

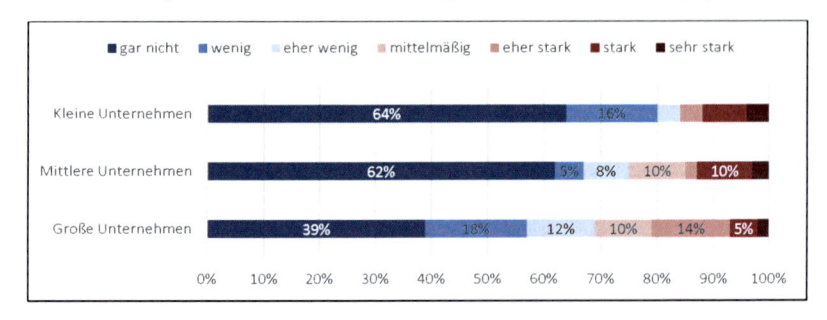

Abbildung 9: Einsatz von Business Analytics nach Unternehmensgröße[130]

Diese Ergebnisse zeigen deutlich, dass die Potentiale von Business Intelligence und Analytics über alle Unternehmensgrößen hinweg weitgehend ungenutzt bleiben. Während die grundlegende digitale Transformation in Unternehmen und im Controlling stetig voranschreitet, sind die komplexeren Instrumente aktuell noch wenig integriert.

Im SCC existiert eine ähnliche Situation, wobei einige Besonderheiten zu beachten sind. In Abschnitt 2.1.3. ist bereits auf das Zusammenspiel der vertikalen und horizontalen Ebenen im SCC eingegangen worden. Die Integration digitaler Prozesse wird dadurch erschwert, indem sowohl

---
[129] Vgl. Egle / Keimer (2016), S. 15
[130] Vgl. Egle / Keimer (2016), S. 15

wertschöpfende Primäraktivitäten als auch unterstützende Funktionen in ein ganzheitliches System integriert werden müssen, während gleichzeitig der gesamte Prozess der Supply Chain abgedeckt werden soll.[131] Weiterhin sind logistische Prozesse von historisch gewachsenen Strukturen geprägt und Fertigungsanlagen häufig organisch entwickelt, was eine digitale Vernetzung erschwert.[132]

3.2 Optimierungsbedarf

Die Besonderheit im SCC liegt darin, dass die zur Nutzung von Business Analytics notwendigen Daten auf unterschiedlichen Ebenen vorliegen. Laut einer Untersuchung der Unternehmensberatungsgesellschaft Emporias, bei der 100 Industrieunternehmen ab 500 Mitarbeitern befragt wurden, ist das bei 94% der Befragten der Fall.[133]

Dies resultiert aus der Vielfältigkeit der Informationsquellen, aus denen das SCC die Daten bezieht. Für eine ganzheitliche Daten- und damit Kostentransparenz müssen Informationen der Beschaffung, Produktion, Distribution und Entsorgung sowie der gesamten Logistik betrachtet werden.[134] Liegen diese Daten nicht in einheitlicher Qualität vor, ist eine optimale Einschätzung der Sachlage nicht immer möglich[135] und die Rationalitätssicherung durch das Controlling nicht immer zu gewährleisten.[136] Weiterhin ist der Erfolg des Einsatzes von Prognosemodellen stark von der Qualität der zugrundeliegenden Informationen abhängig.[137] Ein wesentlicher Optimierungsbedarf besteht also in der Bündelung und Optimierung der Informationsverarbeitung.

---

[131] Vgl. Schmelting, Jürgen: Produktionscontrolling im Übergang zu Digitalisierung, 1. Auflage, Dortmund 2019, S. 111
[132] Vgl. Schmelting (2019), S 437
[133] Vgl. Meier, Sylvia: Supply Chain Controlling hat großen Optimierungsbedarf, auf: https://www.springerprofessional.de/beschaffungscontrolling/controlling/supply-chain-controlling-muss-verbessert-werden/17344422, 2019, 09.08.2021
[134] Vgl. Werner (2009), S. 9, S.425ff.
[135] Vgl. Nohr, Holger: Management der Informationsqualität, 1. Auflage, Wiesbaden 2001, S. 57
[136] Siehe Abschnitt 2.1.1.
[137] Siehe Abschnitt 2.2.3.2.2.

3. Optimierungsbedarf des SCC

Daraus ergibt sich auch ein Defizit in der verursachungsgerechten Kostenzurechnung bei 78% der Befragten.[138] Neben den Produktions- und Logistikkosten, die üblicherweise innerhalb des Unternehmens anfallen, entstehen weiterhin Kosten seitens der Lieferanten und Vertriebspartner sowie des Customer Service, die bei der Betrachtung der TCSC mit einbezogen werden müssen.[139] Die Zuordnung dieser gestaltet sich selten problemlos, insbesondere bei international agierenden Unternehmen. Der deutsche Konzern Henkel hat zu diesem Zweck eine eigene Supply Chain Gesellschaft gegründet, in der diese Prozesse zentralisiert worden sind.[140] Damit können die Herausforderungen der komplexen Supply Chain besser seitens des SCC angegangen werden[141], wobei die dafür benötigten finanziellen und organisatorischen Mittel insbesondere bei KMU nicht immer zur Verfügung stehen. Auch hier besteht demnach Lösungsbedarf.

Eine weiteres Defizit besteht im Stammdatenmanagement. Stammdaten sind wichtige Grunddaten, die über einen gewissen Zeitraum nicht verändert werden. Dazu zählen unter anderem Artikeldaten, Kundendaten, Lieferantendaten oder Stücklisten.[142] Bei 67% der befragten Unternehmen sind diese Informationen teilweise oder gar nicht vorhanden.[143] Im Zuge der digitalen Transformation gewinnen Stammdaten jedoch zunehmend an Bedeutung, da neue digitale Prozesse auf der automatisierten Interaktion von Geschäftsprozessen basieren (z.B. automatisierte Bestellvorgänge), wofür eine vollständige Datengrundlage von essenzieller Bedeutung ist.[144] Abseits von automatisierten Geschäftsprozessen stellen unzureichend gepflegte Stammdaten auch dahingehend das SCC vor eine Herausforderung, als das die Analyse von Kostentreibern im Rahmen der TCSC Analyse oder dem Cost Tracking erschwert wird. Liegen keine Informationen zu Artikeln, Kunden oder Vertriebspartnern

---

[138] Vgl. Meier (2019)
[139] Vgl. Slagmulder, Regine: Managing Costs Across The Supply Chain, in: Seuring, Stefan (Hrsg.): Cost Management in Supply Chains, 1. Auflage, Heidelberg 2002, S. 75 – 88, hier: S.76ff.
[140] Hebeler, Christian / Risse, Robert: Neue Herausforderungen im Supply Chain Controlling, in: Controlling & Management Review, 06/2019, S. 8 – 15, hier: S. 8ff.
[141] Vgl. Hebeler / Risse (2019), S. 10
[142] Vgl. Wirtschaftslexikon Gabler: https://wirtschaftslexikon.gabler.de/definition/stammdaten-43248, 11.08.2021
[143] Vgl. Meier (2019)
[144] Vgl. Zillmann, Mario: Ohne verlässliche Stammdaten geht es nicht, in: Controlling & Management Review, 06/2017, S. 68 - 72, hier: S. 68

vor oder sind sie nur schwer zu verknüpfen, sind logische Zusammenhänge nicht immer ersichtlich, was eine Zuordnung der Kosten erschwert.[145, 146]

---

[145] Vgl. Zillmann (2017), S. 69 ff.
[146] Siehe Abschnitt 2.1.4.4.

4. Chancen des Einsatzes von Business Analytics im SCC

4.1 Einsatz in strategischem SCC

4.1.1 Unterstützung der strategischen Materialflussanalyse

Bereits in Abschnitt 2.1.4.2. wurde die Möglichkeit erläutert, die strategische Netzwerkgestaltung mithilfe von Materialflussanalysen zu unterstützen.[147] Die Bedeutung dessen nimmt kontinuierlich zu, da durch die zunehmend schnellere Taktung der Lieferungen und Methoden wie der Just-In-Time-Lieferung (JIT) eine gezielte Wahl der Lieferanten notwendig ist.[148]

Die Materialflussanalyse ist ein Ansatzpunkt, in dem Business Analytics durch das Controlling eingesetzt werden können. Zunächst müssen dafür die erforderlichen Daten erhoben werden. Diese können einerseits nachträglich manuell oder aber auch permanent in Echtzeit, zum Beispiel über digitale Schnittstellen, gesammelt werden. Zur Informationssammlung über die Lagerung und den Transport können RFID Chips zum Einsatz kommen, mithilfe derer sämtliche Transportwege und (geplante sowie ungeplante) Lagerungen automatisch erfasst und übermittelt werden.[149]

Für den korrekten Einsatz der Materialflussanalyse müssen dann die erforderlichen Waren- und Rohstoffbestände in Menge, Zeit und Ort berechnet werden.[150] Liegen dazu ausreichend historische Daten vor, können daraus prädiktive Modelle oder auf Machine Learning basierende Systeme abgeleitet werden, mit denen der zukünftige Bedarf an Beständen ermittelt werden kann.[151]

---

[147] Siehe Abschnitt 2.4.1.2.
[148] Meier (2019)
[149] Vgl. Bundesamt für Sicherheit und Informationstechnik: Risiken und Chancen des Einsatzes von RFID-Systemen, Bonn 2005, S. 23ff.
[150] Vgl. Taschner / Charifzadeh
[151] Vgl. Romi / Rostamizadeh / Talwalkar, S. 1

Aus dieser Prognose können eventuelle Schwachstellen im Liefersystem oder zukünftige Lieferkettenunterbrechungen vorausgesagt werden. Ein Beispiel des Einsatzes ist die Vorhersage von LKW Ankunftszeiten im Rahmen einer JIT Supply Chain. Ist im Vorfeld bekannt, zu welcher Uhrzeit ein LKW mit Rohstoffen oder Fertigungsmaterialien am Produktionsstandort eintrifft, können Produktionskapazitäten entsprechend eingeteilt werden. Daraus resultieren geringere Leerlaufzeiten und eine höhere Marge.[152]

Bei Unternehmen mit mehreren Produktionsstandorten können Leerlaufzeiten auch reduziert werden, indem die Bedarfe an Beständen je Standort fortlaufend aktualisiert und synchronisiert werden. Der Nahrungsmittelhersteller H. & J. Brüggen mit Sitz in Lübeck lenkt Bestände intern um, sobald ein Mangel oder ein Überschuss festgestellt wird, was gleichzeitig die Vernichtung von Rohstoffen reduziert und damit zusätzlich Kosten einspart.[153]

4.1.2 Strategische Lieferantenauswahl

Für die Supply Chain ist die Wahl der Lieferanten von strategischer Bedeutung.[154] Bereits in Abschnitt 2.1.4.2. wurde ausführlich darauf eingegangen.[155]

Im Entscheidungsprozess erfolgt zunächst die Produktfindung und -entwicklung.[156] Diese ist erforderlich, um mit den abgeleiteten Stücklisten und Arbeitsplänen Anforderungen an den Lieferanten stellen zu können.[157]

Mithilfe eines Predictive Analytics Modell können an dieser Stelle die neuen Stücklisten und Arbeitspläne anhand bereits bestehender, ähnlicher Produkte

---

[152] Vgl. Laroque, Christoph: Predictive Analytics im Supply Chain Management, auf: http://www.industry-analytics.de/predictive-analytics-im-supply-chain-management/, 2018, 26.08.2021
[153] Vgl. it-zoom: Wie Datenanalysen den Materialfluss verbessern, auf: https://www.it-zoom.de/it-mittelstand/e/wie-datenanalysen-den-materialfluss-verbessern-19424/ 26.08.2021
[154] Vgl Wöhe (2013), S. 329
[155] Siehe Abschnitt 2.1.4.2.
[156] Vgl. Gausemeier / Ebbesmeyer / Kallmeyer: Produktinnovation: strategische Entwicklung der Produkte von morgen, 1. Auflage, München 2001, S.44ff.
[157] Vgl. Wöstmann et al.: Big Data Analytics in der Auftragsabwicklung – Erschließung ungenutzter Potentiale in der variantenreichen Kleinserienfertigung, auf: www.industrie-management.de/node/104, 27.08.2021

4. Chancen des Einsatzes von Business Analytics im SCC

prognostiziert werden.[158] Die Voraussetzung dafür ist, dass bereits vergleichbare Produkte mit umfangreichen Datensätzen vorliegen.[159]

Liegen die Arbeitspläne, Stücklisten und daraus resultierenden Anforderungen an Lieferanten vor, kann die Auswahl anhand zeitlicher, qualitativer und quantitativer Kriterien erfolgen. Dazu werden Preise, Lieferzeiten und Termintreue sowie Produkt-/ Rohstoffqualität analysiert.[160] Die Gewichtung der Kriterien orientiert sich dabei anhand der vorliegenden Datensätze und Prognosen. Die Anforderungen an Lieferzeiten und Termintreue leiten sich aus den prognostizierten Produktionsplänen ab.[161]

Eine Erweiterung der strategischen Lieferantenauswahl um Prognosemodelle ermöglicht so ein prädiktives Lieferantenmanagement unter der Prämisse der Preisoptimierung und der Risikominimierung.[162]

4.1.3 Verwendung qualitativer KPIs

Der Einsatz von Business Analytics Modellen im Controlling hat auch Einfluss auf die Wahl der KPIs und Kennzahlen.[163] Diese Anpassung ist dahingehend notwendig, da Kennzahlen die Funktion erfüllen, die aktuelle wirtschaftliche Lage des Unternehmens kurz und prägnant zusammenzufassen.[164,165] Andernfalls droht ein „Information Overload", wenn das Management als Adressat überfordert wird und nicht mehr zwischen relevanten und irrelevanten Informationen unterscheiden kann.[166]

Bereits in den vergangenen Abschnitten wurde verdeutlicht, wie Business Analytics Modelle präzise und aktuelle Prognosen ermöglichen. Für die

---

[158] Vgl. Schallow et al.: Prospektive Ermittlung von Montagearbeitsinhalten. Gesamtsystematik zur konsistenten Nutzung von Montageplanungsinformationen in der Digitalen Fabrik. In: Zeitschrift für wirtschaftlichen Fabrikbetrieb 109 (2014) 11, S. 843-847, hier: S. 843ff.
[159] Siehe Abschnitt 2.2.3.2.2.
[160] Vgl. Hofbauer / Glazunova / Hecht: Strategische Lieferantenauswahl, in: Working Papers der Technischen Hochschule Ingolstand, Heft 36 2015, S.8ff.
[161] Vgl. Hofbauer / Glazunova / hecht (2015), S. 16
[162] Vgl. Wöstmann
[163] Vgl. Selbach GmbH: So profitieren FInance und Controlling von predictive Analytics, auf: https://www.selbach-gmbh.de/so-profitieren-finance-und-controlling-von-predictive-analytics/, 27.08.2021
[164] Vgl. Wöhe (2013), S. 201
[165] Siehe Abschnitt 2.1.4.3.
[166] Vgl. Behringer, Stefan: Controlling, 1. Auflage, Wiesbaden 2018, S. 110f.

Betrachtung der KPIs / Kennzahlen ist hervorzuheben, dass die rein quantitative Sicht nun durch qualitative Werttreiber ergänzt werden können.[167] Diese wurden vormals häufig ausschließlich logisch abgeleitet, jedoch nicht quantifiziert. Beispiele dafür sind die Produktqualität, Vertriebserfolge oder Marktwahrnehmung.[168]

Mithilfe statistischer Analyseverfahren aus dem Bereich Predictive Analytics (z.B. mit Regressionsrechnungen oder neuronalen Netzen), ist es beispielsweise möglich, die Ursache-Wirkung Zusammenhänge zwischen Marktwahrnehmung und Neukundenakquise zu quantifizieren.[169]

Der Einsatz von Busines Analytics ermöglicht demzufolge eine ausgewogene Darstellung zwischen finanziellen und nicht-finanziellen Kennzahlen. In der folgenden Tabelle ist eine Auswahl von KPIs für ein digitalisiertes SCC aufgelistet:

Abteilung	Kennzahl	Aussage
Einkauf	Liefertermintreue	Prozentualer Anteil pünktlich gelieferter Bestellungen
Einkauf	Entwicklung der Lieferkosten	Entwicklung nach Lieferant im Zeitverlauf
Produktion	Produktivitätsentwicklung	Produktionsoutput im Zeitverlauf
Produktion	Produktqualität	Qualität des Produktes anhand verschiedener, teils subjektiver Faktoren
Vertrieb	Kundenzufriedenheit	Zufriedenheitsgrad mit der Abwicklung, in Beziehung zu setzen mit Kundentreue
Vertrieb	Kundentreue	Dauer von Kundenbeziehungen, Zeitspanne zwischen erstmaligem und letztmaligem Kauf

---

[167] Vgl. Möller / Pieper (2014), S. 43ff.
[168] Vgl. Langmann (2019), S. 13ff.
[169] Vgl. Langmann (2019), S. 15

4. Chancen des Einsatzes von Business Analytics im SCC

| Vertrieb | Marktwahrnehmung | Subjektive Wahrnehmung des Unternehmens am Markt |

Tabelle 6: Auswahl einiger Qualitätskennzahlen im SCC[170]

4.2 Cost Tracking / Cost Analysis

Bereits in Abschnitt 2.1.4.4. wurde die Bedeutung des Cost Trackings diskutiert. Als Überwachungssystem ist das Cost Tracking eines der zentralen Bestandteile des Controllings / SCCs.[171]

Eine Art des Cost Trackings ist die TCSC. Die Betrachtung dieser ist retrospektiv und dann möglich, wenn die Supply Chain vollständig durchlaufen ist.[172] Jedoch ist dabei zu beachten, dass die Vorhersagegenauigkeit der Kosten von entscheidender Bedeutung ist. Hashemi, Ebadati und Kaur weisen in einer Untersuchung zu Kostenprognosen darauf hin, dass Projektsteuerung wesentlich von den im vorhinein erwarteten und budgetierten Kosten ist.[173] Werden diese Kosten unterschätzt, können durch eventuelle notwendige Nachbestellungen oder Budgetanpassungen erhebliche Verluste entstehen und (insbesondere bei KMU) das Insolvenzrisiko steigern.[174] Bei einer Überschätzung der Kosten entstehen ungenutzte Erfolgspotentiale, da im Vorfeld Kapital gebunden wird, wodurch Rentabilitätssenkung und Liquiditätsverlust möglich sind.[175]

Um dieser Problematik entgegenzuwirken, können Cost Tracking bzw. Kostenplanung mit Business Analytics unterstützt werden. Insbesondere mit Machine Learning Tools im Bereich Predictive Analytics / Cost Prediction können Mehrwerte generiert werden.[176] Die Kostenvorhersage kann durch quantitative und qualitative Faktoren optimiert werden, indem historische Daten

---

[170] Eigene Darstellung
[171] Siehe Abschnitt 2.1.4.4.
[172] Siehe Abschnitt 2.1.4.4.
[173] Vgl. Hashemi / Ebadati / Kaur: Cost estimation and prediction in construction projects: a systematic review on machine learning techniques, in: SN Applied Sciences 2:1703, 2020, S. 1f.
[174] Vgl. Polland, Roland: Kostenanalyse & -steuerung in KMU – Empirische Bestandsaufnahme und Ableitung einer praxisorientierten Kostenmanagementkonzeption für KMU, 1. Auflage, Bamberg 2017, S.2
[175] Vgl. Steffens
[176] Vgl. Vgl. Romi / Rostamizadeh / Talwalkar, S. 1ff.

und Experten- bzw. Branchenwissen in neuronalen Netzen miteinander verknüpft und daraus Prognosen abgeleitet werden.[177]

Expertenwissen beruht immer auf der Aussage eines einzelnen oder mehreren einzelnen Individuen unter Einbeziehung subjektiver Erfahrungswerte und kann sich daher teilweise voneinander unterscheiden.[178] Die Wahl des Experten ist damit eine wichtige Variable im Entscheidungsprozess und muss in diesen mit eingebunden werden.[179]

4.3 Einsatz im WCM

4.3.1 Forderungsmanagement

Forderungen aus Lieferung und Leistung sind die Summe aller ausstehenden Kundenrechnungen, die zu einem betrachteten Stichtag (z.B. Monats-/ Jahresabschlüsse) ausstehen.[180] Daher können Sie auch als kurzfristige Kredite betrachtet werden, die das Unternehmen dem Kunden ausstellt.[181] Die Konditionen werden dabei selbst festgelegt (Zahlungsziele, Skonti). Im Rahmen des WCM ist das Ziel, den Bestand an Forderungen zu verringern, um die Kapitalbindung zu reduzieren.[182, 183]

Um dieses Ziel zu erreichen, stehen einem Unternehmen vielfältige Methoden zur Verfügung. Es können z.B. möglichst knappe Zahlungsziele gesetzt werden, damit die Forderung nur über einen kurzen Zeitraum ausstehen. Auch Skonti können als Anreiz für den Kunden dienen, die Forderung frühzeitig zu begleichen.[184] Ein möglicher Business Analytics Ansatz besteht in diesem Zusammenhang in der statistischen Prognose der geeigneten Zahlungsfristen und Skontosätze. Im Idealfall kann ein statistisches Modell zu einem Kunden das erwartete Zahlungsverhalten simulieren und eine

---

[177] Vgl. Hashemi / Ebadati / Kaur (2020), S. 15
[178] Vgl. Walter, Wolfgang: Strategien der Politikberatung, in: Expertenwissen,1. Auflage, Opladen 1994, S. 268-284, hier: S. 275
[179] Vgl. Hashemi / Ebadati / Kaur (2020), S. 15
[180] Vgl. Sure, Matthias: Working Capital Management, 1. Auflage, Wiesbaden 2014, S. 24f.
[181] Vgl. Sure (2014) S. 25
[182] Siehe Abschnitt 2.1.4.5.
[183] Vgl. Fiedler (2014)
[184] Vgl. Heister, Werner: Kostenmanagement, https://think4future.de/uploads/kosten/Kostenma- nagement.pdf, 27.08.2021

4. Chancen des Einsatzes von Business Analytics im SCC

entsprechende Handlungsempfehlung ausgeben. Während Simulationen bisher mit hohem manuellen Aufwand verbunden waren, können diese über Schnittstellen in ERP-Systemen, verknüpft mit Erfolgsgrößen und Werttreibern bzw. KPIs, automatisiert und tagesaktuell gehalten werden.[185]

Weiterhin muss der Rechnungsstellungsprozess reibungslos ablaufen, damit ein sauberer Ablauf gewährleistet ist und die Rechnung dem Kunden schnellstmöglich zugestellt wird. Auch ein konsequentes Mahnwesen kann dabei helfen, ausstehende Forderungen aufzudecken und den Bestand zu reduzieren.[186] Da diese Prozesse oft bereits vollständig automatisiert sind[187], kann hier die Optimierung unter anderem durch die Visualisierung mithilfe von Business Intelligence / Analytics Software erreicht werden.[188, 189]

Eine weitere Möglichkeit stellt das so genannte Factoring, den Verkauf der Forderungen an einen Dritten (Factor) gegen Gebühr, dar. Der Rechnungssteller erhält den Forderungsbetrag sofort, während der Kunde die Rechnung innerhalb der regulären Zahlungsfrist an den Factor begleicht.[190] Daraus entsteht der Vorteil, dass die Forderungsbestände bei Bedarf verringert bzw. die Liquidität verbessert werden kann.[191] Mithilfe eines Predictive Sales Modells können zukünftige Umsätze in Höhe und Zeitpunkt und damit zukünftige Forderungsbestände prognostiziert werden.[192] Wenn das Unternehmen geringere Umsätze als angenommen erwartet, kann frühzeitig mit Factoring auf ein drohenden Liquiditätsengpass reagiert werden.[193]

---

[185] Vgl. Mehanna / Tatzel / Vogel: Business Analytics im Controlling – Fünf Anwendungsfelder, in: Controlling – Zeitschrift für Erfolgsorientierte Unternehmenssteuerung, 8-9/2016, S. 502-508, hier: S. 505
[186] Vgl. Sure, S. 38
[187] Vgl. Glaap, Reiner / Hilgenberg, Martin-Christian: Digitales Ticketing, in: Pöllmann, Lorenz (Hrsg.): Der Digitale Kulturbetrieb. Auflage, Wiesbaden 2019, S. 127-160, hier: S. 149
[188] Vgl. Tirmizi, Zohaib: Chancen und Risiken von Business Intelligence Ansätzen der Distribui- onslogistik, 2018, S. 9
[189] Siehe Abschnitt 2.2.2. Big Data, Abbildung 3
[190] Vgl. Grundmann, Wolfgang: Leasing und Factoring, 2. Auflage, Wiesbaden 2019, S. 120ff.
[191] Vgl. Grundmann (2019), S. 133
[192] Vgl. Dastani, Parsis: Predictive Sales, https://www.pwc.de/de/im-fokus/customercentrictransformation/predictive-sales.pdf, 27.08.2021
[193] Vgl. Kumar, Vaibhav / Garg, M.L.: Predictive Analytics: a review of trends and techniques, erschienen in: International Journal of Computer Applications, Volume 182, 2018, S.31

4.3.2 Verbindlichkeitsmanagement

Verbindlichkeiten aus Lieferung und Leistung sind die Summe aller ausstehenden Lieferantenrechnungen, die zu einem Stichtag ausstehen. Die Leistung wurde also bereits erbracht, während die Begleichung der Rechnung noch aussteht. Da der Lieferant die Kosten vorfinanziert, können sie auch als kurzfristige Kredite betrachtet werden.[194] Die Konditionen werden vom Lieferanten festgelegt (Zahlungsfristen, Skonti) und können sich teilweise stark voneinander unterscheiden.[195]

Da im WCM eine Verringerung der Kapitalbindung erreicht werden soll[196], zielt das Verbindlichkeitsmanagement auf eine möglichst späte Begleichung der Rechnung ab. Durch Ausreizen der Zahlungsfristen bis auf den letzten Tag kann der CCC verkürzt werden.[197] Daraus kann ein Zielkonflikt entstehen, da so kein Skonto in Anspruch genommen werden kann und das Unternehmen auf einen Rabatt verzichten muss.[198] Ein Business Analytics Ansatz kann hier die automatische Ermittlung des geeigneten Zahlungszeitpunkts sein, indem mit statistischen Modellen das optimale Verhältnis aus Kosten und Nutzen sofortiger oder verzögerter Zahlung analysiert wird.[199]

Weiterhin können Zahlungsfristen auch als Kriterium in der strategischen Lieferantenauswahl aufgenommen werden. In Abschnitt 4.1.2. wurde erläutert, wie ein Business Analytics Modell bei der Lieferantensuche unterstützend eingesetzt werden kann.[200] Damit können lange Zahlungsfristen bereits früh in die Planung oder den Forecastintegriert werden.

Eine weitere Möglichkeit stellt das Reverse Factoring, auch bekannt als Einkaufsfinanzierung, dar. Die Rechnung wird unter Einbeziehung von Skonto sofort von einem Factoringinsitut bezahlt, während das Unternehmen die

---

[194] Vgl. Thommen et al.: Allgemeine Betriebswirtschaftslehre, 8. Auflage, Wiesbaden 2017, S. 217
[195] Vgl. Fiedler, Rudolf: Mit Working Capital Management die Liquidität des Unternehmens verbessern, 2014, auf: https://www.iww.de/bbp/unternehmensberatung/controlling-mit-working-capital-management-die-liquiditaet-des-unternehmens-verbessern-f81437, 27.08.2021
[196] Siehe Abschnitt 2.1.4.5.
[197] Vgl. Sagner James: Working Capital Management – Applications and Cases, 1. Auflage, New Jersey 2014, S. 136
[198] Vgl. Heister
[199] Vgl. Accenture: Working Capital Analytics, 2020, auf: https://www.accenture.com/be-en/blogs/be-lux/working-capital-analytics-trapped-cash-set-free 30.08.2021
[200] Vgl. Siehe Abschnitt 4.1.2.

Bestellung bereits erhält. Die Verbindlichkeit muss dann an das Factoringinstitut beglichen werden, meist mit deutlich höheren Zahlungsfristen.[201] Der zuvor beschriebene Predictive Sales Ansatz kann hier in leicht abgeänderter Form übernommen werden, indem automatisch ermittelt wird, zu welchem Zeitpunkt welche Verbindlichkeiten ausstehen und ob Reverse Factoring erforderlich ist.[202]

4.3.3 Vorratsmanagement

Im WCM wird grundsätzlich eine Reduzierung der Vorräte angestrebt, um die Kapitalbindung zu reduzieren. Es kann unter Umständen aber auch sinnvoll sein, Vorräte aufzubauen.[203] Bei einer JIT Produktion ohne RHB-Lager wird zwar kein Kapital gebunden, das Ausfallrisiko bei einer ausbleibenden oder verzögerten Lieferung der Werkstoffe ist dadurch aber deutlich erhöht und überwiegt den Nutzen der geringen Kapitalbindung.[204]

Im Fertigwarenlager gilt, dass, wenn nicht ausreichend Waren zum Verkauf auf Lager liegen, Produktionsausfälle in erheblichen Umsatzeinbußen resultieren können. Als Anfang 2020 die COVID-Pandemie vielerorts zu Einschränkungen führte, meldeten 80% der Unternehmen starke Produktionsverluste. Zu diesem Ergebnis kam eine Studie des Fraunhofer Instituts aus Herbst 2020.[205] Produzierende Unternehmen müssen demnach individuell abwägen, wie viele Bestände zu welchem Zeitpunkt auf Lager sein müssen, um alle Bedarfe decken zu können, ohne jedoch zu viel Kapital zu binden.[206]

Um das Werkstofflager zu optimieren, kann an dieser Stelle das beschriebene Prognosemodell aus der strategischen Lieferantenauswahl eingebunden werden, indem aus Stücklisten und Produktionsplänen für die kommenden

---

[201] Vgl. Zolper, Niklas: Reverse Factoring, 2013, auf: https://finanzierung.com/reverse-factoring/, 30.08.2021
[202] Vgl. Siehe Abschnitt 4.3.1
[203] Vgl. Hofmann et al.: Wege aus der Working Capital Falle – Steigerung der Innenfinanzie- rungskraft durch modernes Supply Management, 1. Auflage, Wiesbaden 2011 S. 40
[204] Vgl. Sure, S. 101ff.
[205] Vgl. Fraunhofer Institut für System- und Innovationsforschung: Produktion in Zeiten der Corona-Krise, 2020, auf: https://www.isi.fraunhofer.de/content/dam/isi/dokumente/modernisierung-produktion/erhebung2018/PI_78_Produktion_in_Corona_Web.pdf, 31.08.2021
[206] Vgl. Manitz, Michael: Lagerhaltungspolitiken, in: Produktionsplanung und -steuerung, 1. Auflage, Wiesbaden 2015, S. 179-208, hier: S. 179ff.

4. Chancen des Einsatzes von Business Analytics im SCC

Wochen die benötigten Bestände abgeleitet werden.[207] So kann ein Überschuss oder ein Mangel an Werkstoffen verhindert und das Working Capital optimiert werden.[208]

Predictive Sales können auch für das Fertigwarenlager unterstützend eingesetzt werden. Insbesondere die Markteinführung von Produktinnovationen ist häufig mit großer Planungsunsicherheit für die Bestände verbunden.[209] Ein Modell, das mit historischen Verkaufsdaten vergleichbarer Produkte „angelernt" wird, kann Prognosen über die Preise oder Mengen stellen und damit die Planungssicherheit von Produktlaunches verbessern.[210]

4.4 Forecasts

Forecasts sind ein Steuerungsinstrument des Controllings, um die kurz- und mittelfristige Zielerreichung zu kontrollieren und Abweichungen gegenüber der Planung frühzeitig zu erkennen.[211, 212, 213] Dabei werden finanzielle und nicht finanzielle Aspekte, Simulationen und Szenariobetrachtungen mit Wahrscheinlichkeiten betrachtet.[214] Die manuelle Erstellung ist mit viel Aufwand verbunden, da viele Datenquellen und qualitative Faktoren miteinander verknüpft werden müssen.[215]

Forecasts beziehen sich meist nur auf die Gewinn- und Verlustrechnung,[216] können aber auch auf SCM spezifische Themen angewendet werden. Auf den Einsatz von Business Analytics im WCM wurde bereits in Abschnitt 4.3. eingegangen.[217] In einem Forecast können all diese Maßnahmen jedoch

---

[207] Siehe Abschnitt 4.1.2.
[208] Vgl. Hofmann (2011), S. 101ff.
[209] Vgl. Albers, Sönke / Herrmann, Andreas: Handbruch Produktmanagement, 1. Auflage, Wiesbaden 2002, S. S. 76
[210] Vgl. Klein, Lana: Predictive Analytics as an Engine of R&D and new product launches, auf: https://www.kdnuggets.com/2015/08/predictive-analytics-rnd-product-launches.html, 31.08.2021
[211] Vgl. Nasca, Deborah: Definition: Was bedeutet Forecast im Controlling, 2018, auf: https://www.haufe.de/controlling/controllerpraxis/forecast-controlling/definition-was-bedeutet-forecast-im-controlling_112_453392.html, 27.08.2021
[212] Vgl. Controlling Wiki: Forecasting, auf: https://www.controlling-wiki.com/de/index.php/Forecasting
[213] Vgl. Reichmann, Thomas: Controlling, 1. Auflage, Berlin 1997, S. 56
[214] Vgl. Nasca (2018)
[215] Vgl. Mehanna / Tatzel / Vogel (2016), S. 502
[216] Vgl. Alexander, Jack: Financial Planning & analysis and performance management, 1. Auflage, New Jersey 2016, S. 297f.
[217] Vgl. siehe Abschnitt 4.3.

4. Chancen des Einsatzes von Business Analytics im SCC

gebündelt wurden, um eine gesamtheitliche Einschätzung der wirtschaftlichen Entwicklung zu erhalten. Unter Anwendung stochastischer Modelle und Machine Learning kann die Forecast Erstellung effizienter gestaltet werden.[218]

Daraus resultiert eine effizientere Nutzung des Rolling Forecasts, also ein Forecast mit konstantem Zeithorizont, unabhängig vom Geschäftsjahr.[219] Da Business Analytics Modelle durch automatisierte Datenerfassung und -verarbeitung tagesaktuell gehalten werden können, sind rollierende Prognosen mit nur geringem oder gar keinem manuellen Aufwand möglich.[220]

---

[218] Vgl. Mehanna / Tatzel / Vogel (2016), S. 502
[219] Vgl. Nasca (2018)
[220] Vgl. Luber (2018)

5. Risiken des Einsatzes von Business Analytics im SCC

5.1 Komplexität der Implementierung

Die Implementierung von Business Analytics im SCC ist sehr umfangreich und komplex, da viele Schnittstellen miteinander verknüpft werden müssen und die Daten teilweise aus externen Quellen stammen.[221] Insbesondere im WCM müssen viele Datenquellen synthetisiert und Faktoren betrachtet werden, daher verursacht die Einführung digitaler Strukturen einen hohen Koordinationsaufwand und erfordert gezieltes Projektmanagement.[222] Projekte sind zeitlich begrenzte Vorhaben, die eine Veränderung der Arbeits- oder Organisationsstruktur zum Ziel haben und verschiedene Verantwortungsbereiche überschneiden.[223] Je komplexer ein Projekt ist, desto kostenintensiver fällt es aus.[224]

Weiterhin ist zu beachten, dass die Kompetenzen, die für die Nutzung von Business Analytics erforderlich sind, nicht immer im Unternehmen bzw. bei Controllern vorhanden sind.[225] Wenn diese Kompetenzen fehlen, besteht das Risiko, das geeignete Strukturen und Modelle zwar vorhanden sind, sie jedoch nicht in vollem Umfang genutzt werden können.[226] Daher ist die reine Komplexität der Implementierung des Projektes als ein wichtiger Kostenfaktor zu sehen, weitere werden im folgenden Abschnitt aufgezeigt.

---

[221] Vgl. Siehe Abschnitt 2.1. und 4.1.1.
[222] Vgl. Egle / Keimer (2016),S. 32
[223] Vgl. Kuster et al: Handbuch Projektmanagement, 3. Auflage, Heidelberg 2011, S. 4
[224] Vgl. Hübner, Raimo: Kosten und Nutzen von Projektmanagement, 2013, auf: https://www.gpm-blog.de/kosten-und-nutzen-von-projektmanagement/, 31.08.2021
[225] Siehe Abschnitt 5.3.
[226] Vgl. Barkalov, Igor: Business Analytics in der Planung, in: Effiziente Unternehmensplanung, 1. Auflage, Wiesbaden 2015, S. 99-115, hier: S. 109ff.

5.2 Kosten

Die Kostenfaktoren, die es bei der Nutzung von Business Analytics zu beachten gibt, sind sehr vielfältig und müssen daher im Vorfeld sorgfältig geplant werden, um das Kosten – Nutzen Verhältnis beurteilen zu können. Da Unternehmen oft nicht die erforderlichen Kompetenzen oder Kapazitäten für die Durchführung der Projekte aufweisen, werden unter Umständen externe Projektmanager oder Beratungsunternehmen hinzugezogen.[227]

Neben den projektbezogenen Kosten sind die Kosten für die IT Infrastruktur zu nennen. Für die teils sehr rechenintensive Nutzung der Software und der Verarbeitung von Big Data werden leistungsstarke Rechner benötigt. Am Markt sind mittlerweile hochpreisige, speziell für den Zweck der Datenverarbeitung entwickelte Laptops und Desktop PCs erhältlich.[228] Zur Speicherung der Datenmengen bei sofortiger Zugriffsmöglichkeit wird weiterhin ein Cloud Computing Netzwerk benötigt.[229, 230]

Zusätzlich zur Hardware wird die passende Software benötigt, die wiederum mit Kosten verbunden ist. Eine Einzellizenz für die Statistiksoftware SPSS beispielsweise kostet 95€ monatlich[231], Software zur Datenaufbereitung und Visualisierung wie Power BI ist ab 10€ monatlich erhältlich.[232]

Fortlaufende Kosten für das Unternehmen können aus internem oder externem IT Support resultieren.[233] Sollen Änderungen an den bestehenden Modellen vorgenommen werden (z.B. neue Funktionen oder Änderung der Parameter),

---

[227] Vgl. Kuster et al. (2011), S. 187
[228] Vgl. Eigene Untersuchung, unter anderem https://www.analyticsvidhya.com/blog/2021/06/13-important-requirements-of-a-laptop-for-data-science-tasks/, https://www.discovergeek.com/best-laptops-for-data-science/, https://www.hp.com/de-de/workstations/industries/data-science.html, 31.08.2021
[229] siehe Abschnitt 2.2.2.
[230] Vgl. Lamberth, Sabrina / Weisbecker, Anette: Wirtschaftlichkeitsbetrachtungen beim Einsatz von Cloud Computing auf: https://dl.gi.de/bitstream/handle/20.500.12116/19828/123.pdf?sequence=1&isAllowed=y, 30.08.2021
[231] Vgl. https://www.ibm.com/de-de/products/spss-statistics/pricing
[232] Vgl. https://powerbi.microsoft.com/de-de/desktop/
[233] Vgl. Struck, Ann-Marie: IT Service Preisspiegel 2019, auf: https://www.datacenter-insider.de/it-servicepreisspiegel-2019-a-796537/, 31.08.2021

werden so genannte Change Requests aufgegeben. Je nachdem, ob die Administration intern oder extern stattfindet, fallen dafür ebenfalls Kosten an.[234]

Auch auf der personellen Seite entstehen Kosten für das Unternehmen. Für die korrekte Nutzung der Software sind Schulungen der Nutzer erforderlich, die je nach Umfang ebenfalls relevante Kosten verursachen können.[235] Darüber hinaus entstehen Opportunitätskosten, da die Mitarbeiter für die Dauer der Schulung ausfallen.[236]

5.3 Steigende Anforderungen an Controller

Supply Chain Controller sehen sich mit vielfältigen Problemstellungen konfrontiert. Ein Rückblick auf die Aufgaben, die üblicherweise im SCC anfallen, zeigt den Umfang und die Komplexität.[237] Die Anforderungen, die sich daraus ergeben, sind ebenso vielfältig. Neben einem fundierten Fachwissen zur Supply Chain und Controlling Instrumenten sind vor allem analytisches Denken und Abstraktionsfähigkeit gefragt.[238] Der Wandel zum Business Partnering erfordert weiterhin Kommunikationsstärke, Durchsetzungsfähigkeit und Entscheidungsorientierung.[239]

Wie zuvor beschrieben stellt der Einsatz von Business Analytics hohe Anforderungen an digitale und statistische Kompetenzen der Controller. Aktuell ist der Trend zu erkennen, dass Themen wie KI oder Machine Learning zunehmend von Unternehmen aufgegriffen, jedoch aufgrund von Misstrauen noch nicht überall umgesetzt werden. Demnach ist zu erwarten, dass die Anforderungen an Controller in der Zukunft weiter zunehmen werden.[240]

---

[234] Vgl. Götz, Fabian: Welche Kosten entstehen bei einem BI System, 2019, auf: https://www.heyde.ch/insights/was-kostet-ein-bi-system, 31.08.2021
[235] Vgl. Huf, Stefan: Personalmanagement, 1. Auflage, Wiesbaden 2019, S. 91
[236] Vgl. Konetzny, Michael: Ziele vom Personalentwicklungs-Controlling erreichen, auf: https://www.experto.de/businesstipps/ziele-vom-personalentwicklungs-controlling-erreichen.html, 31.08.2021
[237] Siehe Abschnitt 2.1.5.
[238] Vgl. Wolf / Heidlmayer (2019), S. 27
[239] Vgl. Gleich (2013), S. 27ff.
[240] Vgl. Geretshuber, Daniela / Reese, Hendrik: Künstliche Intelligenz in Unternehmen, https://www.pwc.de/de/digitale-transformation/kuenstliche-intelligenz/studie-kuenstliche-intelli- genz-in-unternehmen.pdf, 31.08.2021

5. Risiken des Einsatzes von Business Analytics im SCC

Wenn die Systeme implementiert sind, stehen Controller vor der Aufgabe, die korrekte Anwendung sicherzustellen und die Ergebnisse zu nutzen. Welche Annahmen in den Modellen getroffen werden müssen, welche Auswirkungen sie auf das Ergebnis haben und wie die zugrundeliegenden Algorithmen funktionieren ist ebenso von Bedeutung wie die Fähigkeit, die Ergebnisse zu interpretieren und die Werthaltigkeit dieser zu beurteilen.[241]

5.4 Fachkräftemangel

Die steigenden Anforderungen an Controller resultieren jedoch in einem weiteren Risiko, mit dem Finanzabteilungen schon länger konfrontiert sind. Bereits 2008 wurde von einem Mangel an geeigneten Fachkräften berichtet, weshalb Unternehmen verstärkt Gehaltszulagen als Mittel zur Personalfindung einsetzten.[242] Zeitweise ging die hohe Nachfrage an Bewerbern etwas zurück, mittlerweile ist jedoch wieder ein Anstieg zu verzeichnen.[243]

Eine Studie der maxmatch Personalberatung aus Februar 2021 mit über 200 Teilnehmern hat ergeben, dass die Suche nach qualifiziertem Personal in den Finanzabteilungen aktuell schwieriger wird.[244]

---

[241] Vgl. Strauß, Christopher / Reuter, Erik: Die Rolle des Controllers – lokale Entwicklungen, glo- bale Trends und Ausblick in die Zukunft, erschienen in: Controlling, Aktuelle Entwicklungen und Herausforderungen, 1. Auflage, Wiesbaden 2019, S. 59

[242] Vgl. Half, Robert: Deutliche Gehaltszulagen für Controller und Bilanzbuchhalter, 2008, auf: https://www.controllingportal.de/Fachinfo/Arbeitsmarkt/Deutliche-Gehaltszulagen-fuer-Controller-und-Bilanzbuchhalter.html, 31.08.2021

[243] Vgl. Meier, Sylvia: Stellenmarkt für Finance-Experten hat Krise überwunden, 2021, auf: https://www.springerprofessional.de/personalmanagement/personalcontrolling/der-kampf-um-qualifizierte-finanzfachkraefte-ist-eroeffnet/11023376, 31.08.2021

[244] Vgl. maxmatch Personalberatung GmbH: Fachkräftemangel im Finanz-Bereich, 2021, auf: https://maxmatch.de/wp-content/uploads/2020/07/maxmatch_Personalberatung_Whitepaper_Fachkraeftemangel_im_Finanzbereich.pdf, 31.08.2021

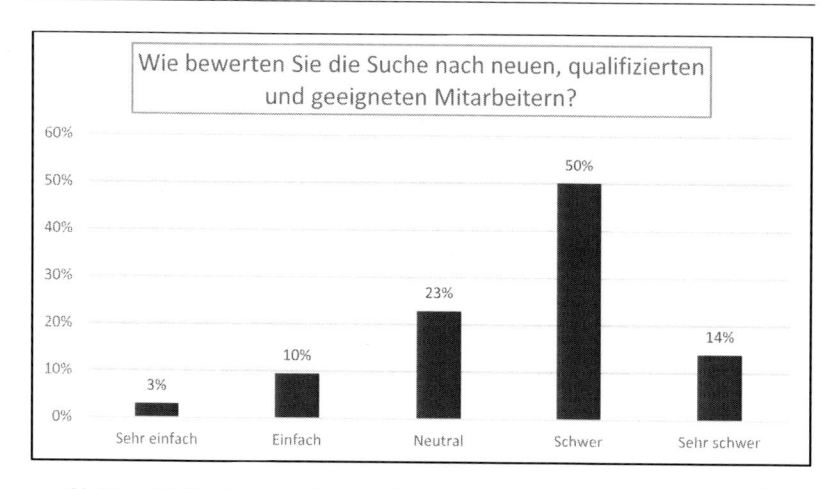

5. Risiken des Einsatzes von Business Analytics im SCC

Wie bewerten Sie die Suche nach neuen, qualifizierten und geeigneten Mitarbeitern?

- Sehr einfach: 3%
- Einfach: 10%
- Neutral: 23%
- Schwer: 50%
- Sehr schwer: 14%

Abbildung 10: Studienergebnisse zur Suche nach qualifizierten Finanzfachkräfte[245]

Demnach bewerten nur 13% der Befragten die Suche als sehr einfach oder einfach, während 64% sie als schwer oder sehr schwer empfinden.[246] Besonders deutlich wird der Mangel auch anhand der Dauer, die Unternehmen für die Suche nach Finanzfachkräften aufbringen müssen:

---

[245] maxmatch Personalberatung GmbH (2021), S. 6
[246] Vgl. maxmatch Personalberatung GmbH (2021), S. 6

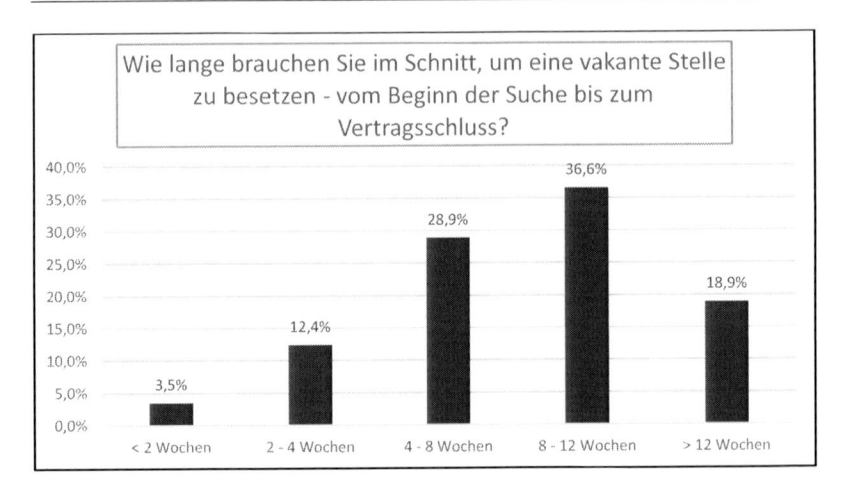

5. Risiken des Einsatzes von Business Analytics im SCC

Abbildung 11: Studienergebnisse zur Dauer des Recruiting Prozesses von Finanzfachkräften[247]

Nur wenige Unternehmen schaffen es, die vakante Position in weniger als 4 Wochen zu besetzen. In der Regel werden 4-12, in vielen Fällen jedoch über 12 Wochen benötigt.[248] Das ist dahingehend problematisch, als das eine Personalsuche sehr kostenintensiv ausfallen kann, wenn verschiedene Marketingmaßnahmen eingesetzt und Anzeigen geschaltet werden müssen.[249] Weiterhin sind KMU hier im Nachteil, da sie durch die zunehmende Globalisierung und Digitalisierung im internationalen Wettbewerb stehen und nur über begrenzte finanzielle Mittel verfügen, umfangreiches Personalmarketing vorzunehmen.[250]

---

[247] maxmatch Personalberatung GmbH (2021), S. 6
[248] Vgl. maxmatch Personalberatung GmbH (2021), S. 6
[249] Vgl. Elias-Linde, Sabine: Auswirkungen der Personalknappheit, in: Personalknappheit als betriebswirtschaftliches Problem, 1. Auflage, Wiesbaden 2014, S. 23-31, hier: S. 23ff.
[250] Vgl. Dietz et al.: Personalsuche in Deutschland: Kleine und mittlere Betriebe im Wettbewerb um Fachkräfte, in: IAB-Kurzbericht, 10/2013, S. 2ff.

Die Ursachen für die Fachkräfte-Knappheit wurden im Rahmen der Studie ebenfalls untersucht:

Was ist für Sie bei der Suche nach geeigneten Bewerbern die größte Herausforderung?

- Sonstiges; 3,5%
- Regionale Verfügbarkeit; 14,9%
- Fehlende Kompetenzen; 29,9%
- Demografischer Wandel; 24,9%
- Sinkende Bewerberanzahl; 26,9%

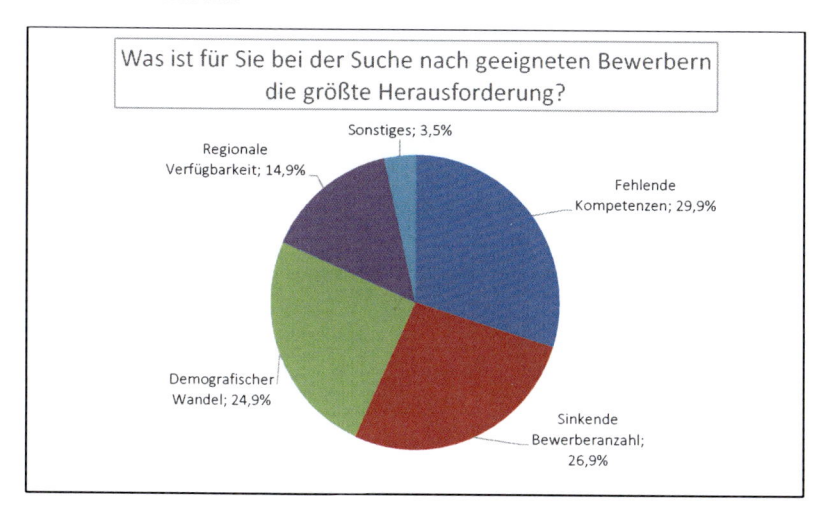

Abbildung 12: Studienergebnisse zu Herausforderungen bei der Suche nach Finanzfachkräften[251]

Für Unternehmen sind fehlende Kompetenzen und eine sinkende Bewerberanzahl sowie weniger Bewerber aufgrund des demografischen Wandels die größten Herausforderungen bei der Personalsuche im Finanzbereich.[252]

Die Problematik verstärkt sich dadurch, dass die Anforderungen an Finanzkräfte durch die zunehmende Digitalisierung und insbesondere den Einsatz von Business Analytics steigen. Daher erwarten die befragten Unternehmen, dass die aktuelle Situation in den folgenden Jahren entweder stagnieren oder sich weiter verschärfen, sich jedoch verbessern.[253] Daher ist der Fachkräftemangel als Risiko zu bewerten.

---

[251] maxmatch Personalberatung GmbH (2021), S. 7
[252] Vgl. maxmatch Personalberatung GmbH (2021), S. 7
[253] Vgl. maxmatch Personalberatung GmbH (2021), S. 16

6. Schlussbetrachtung

6.1 Fazit und Beantwortung der Forschungsfragen

Die vierte Industrielle Revolution ist in vollem Gange. Immer mehr Unternehmen konzentrieren sich auf Digitalisierungsthemen, da sich durch deren umfangreichen Möglichkeiten viel Spielraum für Wettbewerbsvorteile ergeben können.[254] Im Rahmen dessen erhalten auch Business Analytics zunehmend Aufmerksamkeit. Die neuen Herangehensweisen und die aufwendigen Implementierungsprozesse, die sich mit der Verwendung ergeben, stellen Unternehmen vor eine Vielzahl an Chancen und Risiken.[255]

Zusätzlich rückt das SCC als Unterstützung des SCM zunehmend in den Fokus. Da Supply Chains immer mehr an Komplexität gewinnen, um die Herausforderungen der internationalen und (insbesondere in Zeiten der COVID-19 Pandemie) volatilen Märkte stemmen zu können, sind Steuerungsexperten gefragt. Mit einem SCC können Unternehmen ihre Lieferketten in Hinblick auf Flexibilität, Rentabilität und Liquidität optimieren und daraus nachhaltige Chancen wahrnehmen.[256]

In der Einleitung dieser Thesis wurden vier Forschungsfragen aufgezeigt, die im Anschluss beantwortet werden sollen.

Forschungsfrage 1: Welche Aufgaben sollte ein SCC wahrnehmen, um sowohl die operative als auch die strategische Entscheidungsfindung zu unterstützen?

Für die Unterstützung der strategischen Entscheidungsfindung stehen dem SCC vielfältige Instrumente zur Verfügung. Die Materialflussanalyse z.B.

---

[254] Vgl. Siehe Abschnitt 2.1.4.4.
[255] Vgl. Siehe Abschnitt 4 & 5.
[256] Vgl. Siehe Abschnitt 2.1.4.

6. Schlussbetrachtung

ist ein operatives Instrument, die Ergebnisse daraus können jedoch auf eine langfristige Entscheidung angewendet werden. Mit der Berechnung der benötigten Bestände in Menge, Ort und Zeit können langfristig Optimierungspotentiale in Form von Standortentscheidungen für Lagerhallen oder Produktionsanlagen genutzt werden.[257] Auch die strategische Lieferantenauswahl kann infolgedessen unterstützt werden. Daraus resultieren aus langfristiger Sicht geringere Kosten, eine effizientere Produktion und damit steigende Rentabilität. Aber auch die Kapitalbindung kann infolgedessen reduziert werden.[258] Das Cost Tracking kann hier unterstützend hinzugezogen werden. Wenn alle Kostentreiber der TCSC identifiziert sind, können daraus Handlungsempfehlungen für die langfristige Ausrichtung der Supply Chain abgeleitet werden.[259]

Weiterhin ist die Nutzung strategischer KPIs als Steuerungsinstrument zu nennen. Leistungsindikatoren, wie die Total Lead Time, der Average Stock Level oder die Order Fulfillment Cycle Time, sind strategische Kennzahlen, mit denen das Controlling einen Überblick über die Performance der Supply Chain erhält und diese dem Management zur Verfügung stellen kann. Daraus können langfristige Handlungsempfehlungen abgeleitet werden.[260]

Das WCM ist sowohl strategischer als auch operativer Natur. Die grundsätzlichen Treiber hinter der Kapitalbindung sind meist langfristig, wie die Wahl der Lieferanten oder die strategische Ausrichtung der Supply Chain (JIT oder auf Vorrat produzieren). Bei einer Planungsabweichung kann darauf kurzfristig reagiert werden, indem Forderungen über Factoring, Bestände kurzfristig reduziert oder Zahlungsfristen für Verbindlichkeiten ausgereizt werden.[261]

Damit ein SCC im Unternehmen Mehrwerte generieren kann, müssen die Möglichkeiten der strategischen und operativen Instrumente ausgeschöpft werden. Der Vorteil liegt darin, dass die Ergebnisse operativer Instrumente auch für die strategische Entscheidungsfindung genutzt werden können.

---

[257] Vgl. Siehe Abschnitt 2.1.4.2.
[258] Vgl. Siehe Abschnitt 2.1.4.2.
[259] Vgl. siehe Abschnitt 2.1.4.4.
[260] Vgl. siehe Abschnitt 2.1.4.3.
[261] Vgl. siehe Abschnitt 2.1.4.5.

6. Schlussbetrachtung

Nimmt das SCC beide Aufgabenfelder wahr, kann das gewonnene Knowhow direkt angewendet und der Nutzen maximiert werden.[262]

Forschungsfrage 2: Worin besteht Optimierungsbedarf in der Digitalisierung des SCC?

Die Untersuchung hat ergeben, dass Unternehmen das Thema Digitalisierung und Business Analytics zunehmend aufgreifen, jedoch vielerorts noch Optimierungsbedarf besteht. Insbesondere KMU nutzen sehr wenig oder gar keine Business Analytics, große Unternehmen zumindest wenig bis mittelmäßig viele.[263] Die Ursachen liegen in der Komplexität der Implementierung und Nutzung. Hinzu kommt im Bereich des SCC, dass eine Vielzahl an Schnittstellen aus Primäraktivitäten und Unterstützungsfunktionen verknüpft werden müssen, was eine Integration von Business Analytics Strukturen erschwert.[264]

Insbesondere die vielfältigen Daten und Datenquellen liegen oft auf unterschiedlichen Ebenen vor, da externe Datensätze nur bedingt beeinflussbar sind. Für eine ganzheitliche Abbildung der Supply Chain müssen Informationen aus Beschaffung, Produktion, Distribution und Entsorgung gesammelt und kombiniert werden. Aktuell ist dies bei der Mehrzahl der Unternehmen nur bedingt bis gar nicht möglich. Weiterhin sind Stammdaten als wichtiger Baustein der Digitalisierung oft nicht ausreichend oder gar nicht gepflegt.[265]

Auch die verursachungsgerechte Kostenzurechnung wird dadurch komplizierter, da die Internationalisierung der Märkte als weitere Komponente die Datenverarbeitung erschwert. Während Konzerne zu diesem Zweck eigene Supply Chain Gesellschaften gründen, damit sie alle Datensätze zentral steuern können, mangelt es bei KMU an geeigneten Strukturen und der Liquidität.[266]

---

[262] Vgl. siehe Abschnitt 2.
[263] Vgl. siehe Abschnitt 3.1.
[264] Vgl. siehe Abschnitt 3.2.
[265] Vgl. siehe Abschnitt 3.2.
[266] Vgl. siehe Abschnitt 3.2.

6. Schlussbetrachtung

Forschungsfrage 3: Welche Chancen bieten Business Analytics Instrumente für das SCC?

Die primäre Funktion des Controllings liegt in der Informations- und Steuerungsfunktion des Unternehmens als Unterstützung des Managements. Einer der Kernaspekte dabei ist die Prognose zukünftiger Entwicklungen (Forecasts), um frühzeitig auf diese reagieren zu können. Aus diesem Grund bieten Business Analytics eine Vielzahl an Chancen, da aufgrund historischer Daten, qualitativer Faktoren und Expertenwissen Prognosemodelle erstellt werden können.[267]

Diese Prognosemodelle können in der Materialflussanalyse dafür genutzt werden, den zukünftigen Bestandsbedarf zu ermitteln, Lieferkettenunterbrechungen vorauszusagen und damit Leerlaufzeiten zu prognostizieren. Daraufhin kann ein Standort seine Produktionskapazitäten neu verteilen oder Bestände intern umleiten.[268]

In der Entwicklung neuer Produkte können weiterhin Stücklisten prognostiziert werden, die einerseits in die Materialflussanalyse integriert werden können, andererseits die strategische Lieferantenauswahl unterstützen können. Auch präskriptive Modelle können hier eingesetzt werden, damit der gesamte Prozess der Lieferantenauswahl automatisiert werden kann und kostenoptimiert und risikominimiert abläuft.[269]

Die Wahl der KPIs wird ebenfalls beeinflusst. Da die meisten qualitativen Kennzahlen, wie Produktqualität oder Marktwahrnehmung, aus einer Vielzahl an Faktoren und Informationen abgeleitet werden müssen, sind diese mit herkömmlichen Methoden kaum zu quantifizieren. Mithilfe von Big Data und Diagnostic Analytics bzw. statistischen Analyseverfahren ist es nun möglich, die Ursache – Wirkung Zusammenhänge qualitativer Kennzahlen nachzuvollziehen.[270]

Im WCM gibt es ebenfalls eine Vielzahl an Möglichkeiten, das Forderungs-, Verbindlichkeits- und Vorratsmanagement mit Prognosemodellen zu

---

[267] Vgl. siehe Abschnitt 2.2.3. und 4.4.
[268] Vgl. siehe Abschnitt 4.1.1.
[269] Vgl. siehe Abschnitt 4.1.1. und 4.2.1.
[270] Vgl. siehe Abschnitt 4.1.3.

optimieren. Aufgrund der hohen Komplexität und der Vielzahl an Datenquellen wird WCM von vielen Unternehmen nur bedingt genutzt, was durch den Einsatz von Business Analytics gefördert werden kann. Die Chancen, die sich daraus ergeben, liegen vor allem in der Innenfinanzierung.[271]

Forschungsfrage 4: Welche Risiken müssen Unternehmen betrachten, wenn sie Business Analytics verstärkt im SCC nutzen?

Bei den Chancen, die Business Analytics für das SCC bieten können, dürfen die ebenso vielfältigen Risiken nicht vernachlässigt werden. Die Komplexität der Implementierung statistischer und analytischer Strukturen ist ein wesentlicher Kostentreiber, da spezielle Projektteams gebildet oder beauftragt werden müssen. Daraus entstehen hohe Kosten, die bei fehlenden Qualifikationen der Mitarbeiter zu wenig Nutzen erwirtschaften können.[272]

Weitere Kostentreiber liegen in der Anschaffung und Implementierung der erforderlichen digitalen Infrastruktur, bestehend aus Cloud Computing, Hard- und Software sowie IT Support. Auch Schulungen für die Mitarbeiter können erforderlich sein, da die Anforderungen an die Nutzung von Business Analytics häufig nicht erfüllt werden können.[273]

Die steigenden Anforderungen an Controller sind ebenfalls zu beachten, da aktuell ohnehin das Problem besteht, dass nicht ausreichend geeignete Fachkräfte für die Finanzabteilung zur Verfügung stehen und Unternehmen teilweise 8-12 Wochen für eine Stellenbesetzung benötigen. Wenn Controller zukünftig neben den bereits bestehenden hohen Anforderungsprofilen Kenntnisse in digitalen Themen und statistischen Verfahren vorweisen müssen, wird die aktuell angespannte Situation am Arbeitsmarkt weiter verschärft.[274]

Abschließend bleibt für jedes Unternehmen im Einzelfall abzuwägen, ob das Chancen-Risiko Verhältnis in einem geeigneten Maß ist, dass der Aufbau prädiktiver und präskriptiver Modelle speziell für das SCC wirtschaftlich und langfristig für die Erhaltung der Wettbewerbsfähigkeit erforderlich ist.

---

[271] Vgl. siehe Abschnitt 4.3.
[272] Vgl. siehe Abschnitt 5.1.
[273] Vgl. siehe Abschnitt 5.2.
[274] Vgl. siehe Abschnitt 5.3. und 5.4.

Für Kleinst- und Kleinunternehmen ist die Nutzung aktuell wenig sinnvoll, da die erforderlichen Strukturen hohe Kosten verursachen, aufgrund des Mangels an verfügbaren Informationen und Stammdaten jedoch nicht genutzt werden können und ein SCC häufig nicht vorhanden ist.[275]

6.2 Ausblick und zukünftiger Forschungsbedarf

Das Controlling ist in ständigem Wandel. Im Laufe der Jahrzehnte kamen stetig neue Aufgabenfelder hinzu, andere rückten in den Hintergrund. Diese Entwicklung setzt sich im 21. Jahrhundert mit der steigernden Digitalisierung fort, auch wenn diese erst allmählich von allen Unternehmen umgesetzt wird.[276]

Da Controller aktuelle Trends aufgreifen müssen, um die wirtschaftliche Situation fachgerecht beurteilen zu können, sind digitale Kompetenzen zwingend erforderlich. Mithilfe datenbasierter & statistischer Prognoseverfahren können viele Aufgaben, die bisher mit hohem manuellen Aufwand verbunden sind, vereinfach oder sogar vollständig automatisiert werden. Die Software und die Modelle, die das ermöglichen können, sind bereits am Markt erhältlich, es fehlt jedoch vielerorts an geeignetem Fachpersonal. Da Bewerber für das Controlling schon seit einiger Zeit knapp sind, kann dies in naher Zukunft zu einem größeren Problem werden.[277]

Auch die Globalisierung stellt Unternehmen vor neue Herausforderungen. Um auf die immer volatileren Marktbegebenheiten reagieren zu können, sind flexible Supply Chains gefragt. Diese Flexibilität steht aber oft im Kontrast zu einer kostenoptimierten Sicht. Vor diesen Gesichtspunkten erscheint die Implementierung eines datengetriebenen SCC als logische Antwort, wobei der Kosten- und Komplexitätsfaktor nicht vernachlässigt werden darf.[278]

Einige Großkonzerne schreiben mittlerweile eigene Stellen als Business Analyst aus und setzen dabei meist ein Studium der (Wirtschafts-) Infor-

---

[275] Vgl. siehe Abschnitt 4. & 5.
[276] Vgl. siehe Abschnitt 1.1.
[277] Vgl. siehe Abschnitt 4. & 5.
[278] Vgl. siehe Abschnitt 3. – 5.

6. Schlussbetrachtung

matik, Data Science oder Vergleichbarem voraus.[279] Zukünftig gilt es herauszufinden, ob das Controlling mit Business Analysts im engen Austausch zusammenarbeiten können, um Synergien nutzen und damit Mehrwerte durch Business Analytics generieren zu können, während die Risiken der steigenden Anforderungen an Controller umgangen werden können.

---

[279] Eigene Untersuchung auf www.stepstone.de

Quellen- und Literaturverzeichnis

Bücher / Sammelbände

Albers, Sönke / Herrmann, Andreas: Handbruch Produktmanagement, 1. Auflage, Wiesbaden 2002, S. 76

Alexander, Jack: Financial Planning & analysis and performance management, 1. Auflage, New Jersey 2016, S. 297f.

Arnold et al.: Handbuch Logistik, 3. Auflage, Berlin 2008, S. 3

Bacher, Andreas: Instrumente des Supply Chain Controlling, 1. Auflage, Wiesbaden 2004, S. 294

Bachert, Robert / Pracht, Arnold: Basiswissen Controlling und operatives Controlling, 2. Auflage, Basel 2014, S. 12

Barkalov, Igor: Business Analytics in der Planung, in: Effiziente Unternehmensplanung, 1. Auflage, Wiesbaden 2015, S. 99-115, hier: S. 109ff.

Behringer, Stefan: Controlling, 1. Auflage, Wiesbaden 2018, S. 110f.

Camm et al.: Business Analytics – Descriptive, Predictive, Prescriptive, 1. Auflage, Boston 2021, S. 6

Cirani et al: Internet of Things – Architectures, Protocols and Standards, 1. Auflage, New Jersey 2019, S. 1

Davenport, Thomas / Harris, Jeanne: Competing on Analytics, 1. Auflage, Boston 2007

Gausemeier / Ebbesmeyer / Kallmeyer: Produktinnovation: strategische Entwicklung der Produkte von morgen, 1. Auflage, München 2001, S.44ff.

Quellen- und Literaturverzeichnis

Glaap, Reiner / Hilgenberg, Martin-Christian: Digitales Ticketing, in: Pöllmann, Lorenz (Hrsg.): Der Digitale Kulturbetrieb. Auflage, Wiesbaden 2019, S. 127-160, hier: S. 149

Grundmann, Wolfgang: Leasing und Factoring, 2. Auflage, Wiesbaden 2019, S. 120ff.

Güler, Hasan: Digitalisierung operativer Controlling Prozesse, 1. Auflage, Wiesbaden 2021

Hofmann et al.: Wege aus der Working Capital Falle – Steigerung der Innenfinanzierungskraft durch modernes Supply Management, 1. Auflage, Wiesbaden 2011 S. 40

Heese et al: Digitalisierung, in: Informationen zur politischen Bildung, Heft 344, Bonn 2020, S. 5

Heesen, Bernd / Moser, Oliver: Working Capital Management. 3. Auflage, Wiesbaden 2017, S. 2f.

Horváth, Peter: Controlling, 11. Auflage, München 2009, S. 125

Hubert, Boris: Controlling Konzeptionen, 1. Auflage, Wiesbaden 2015, S. 8

Huf, Stefan: Personalmanagement, 1. Auflage, Wiesbaden 2019, S. 91

Klepzig, Heinz: Working Capital und Cash Flow, 3. Auflage, Wiesbaden 2014, S.25

Kuster et al: Handbuch Projektmanagement, 3. Auflage, Heidelberg 2011, S. 4

Langmann, Christian: Digitalisierung im Controlling, 1. Auflage, Wiesbaden 2019

Manitz, Michael: Lagerhaltungspolitiken, in: Produktionsplanung und -steuerung, 1. Auflage, Wiesbaden 2015, S. 179-208, hier: S. 179ff.

Mohri / Rostamizadeh / Talwalkar: Foundations of machine learning, 2. Auflage, London 2018, S. 1

Nohr, Holger: Management der Informationsqualität, 1. Auflage, Wiesbaden 2001, S. 57

Reichmann, Thomas: Controlling, 1. Auflage, Berlin 1997, S. 56

Reichmann, Thomas: Controlling mit Kennzahlen und Managementberichten, 7. Auflage, München 2006, S. 13

Polland, Roland: Kostenanalyse & -steuerung in KMU – Empirische Bestandsaufnahme und Ableitung einer praxisorientierten Kostenmanagementkonzeption für KMU, 1. Auflage, Bamberg 2017

Russel, Stuart / Norvig, Peter: Artificial Intelligence – a modern approach, 3. Auflage, Harlow 2016, S. 2

Sagner James: Working Capital Management – Applications and Cases, 1. Auflage, New Jersey 2014, S. 136

Saxena, Rahul / Srinivasan, Anand: Business Analytics – A Practitioner's Guide, 1. Auflage, New York 2013, S. 85

Seppelfricke, Peter: Unternehmensanalysen, 1. Auflage, Stuttgart 2019, S. 149

Schallmo, Daniel / Rusnjak, Andreas: Roadmap zur Digitalen Transformation von Geschäftsmodellen, in: Schallmo et al.: Digitale Transformation von Geschäftsmodellen, 1. Auflage, Wiesbaden 2017, S. 1-32, hier: S. 5

Schmelting, Jürgen: Produktionscontrolling im Übergang zu Digitalisierung, 1. Auflage, Dortmund 2019, S. 111

Schröter, Bernhard: Operatives Controlling, 1. Auflage, Wiesbaden 2002, S. 69

Siebert, Holger: Ökonomische Analyse von Unternehmensnetzwerken, in: Sydow, Jörg (Hrsg.): Management von Netzwerkorganisationen, 5. Auflage, Wiesbaden 2010, S. 7-28, hier: S. 9

Slagmulder, Regine: Managing Costs Across The Supply Chain, in: Seuring, Stefan (Hrsg.): Cost Management in Supply Chains, 1. Auflage, Heidelberg 2002, S. 75 – 88, hier: S.76ff.

Sure, Matthias: Working Capital Management, 1. Auflage, Wiesbaden 2014, S. 24f.

Thommen et al.: Allgemeine Betriebswirtschaftslehre, 8. Auflage, Wiesbaden 2017, S. 217

Walter, Wolfgang: Strategien der Politikberatung, in: Expertenwissen,1. Auflage, Opladen 1994, S. 268-284, hier: S. 275

Weber, Jürgen / Schäffer, Utz: Einführung in das Controlling, 12. Auflage, Stuttgart 2008, S. 43

Weber, Jürgen / Schäffer, Utz: Rationalitätssicherung der Führung, 1. Auflage, Wiesbaden 2001, S. 34f.

Werner, Hartmut: Kompakt Edition: Supply Chain Controlling, 1. Auflage, Wiesbaden 2014, S. 109

Werner, Hartmut: Supply Chain Management – Grundlagen, Strategien, Instrumente und Controlling, 6. Auflage, Wiesbaden 2017, S. 5

Westhaus, Magnus: Supply Chain Controlling – Definition, Forschungsstand, Konzeption, 1. Auflage, Wiesbaden 2007, S. 1

Winkler, Carsten: Supply Chain Controlling – Konzeption und Gestaltung, 1. Auflage, Düsseldorf 2008, S. 159

Wöhe, Günter: Einführung in die Allgemeine Betriebswirtschaftslehre, 25. Auflage, München 2007, S. 181

Wolf, Tanja / Heidlmayer, Melanie: Die Auswirkung der Digitalisierung auf die Rolle des Controllers, in: Feldbauer-Durstmüller, Claudia (Hrsg.): Controlling – Aktuelle Entwicklungen und Herausforderungen, 1. Auflage, Wiesbaden 2019, S. 21-48, hier: S. 26

Aufsätze / Research Paper

Bohanec / Borstnar / Robnik-Sikonja: Explaining machine learning models in sales predictions, 2018

Elias-Linde, Sabine: Auswirkungen der Personalknappheit, in: Personalknappheit als betriebswirtschaftliches Problem, 1. Auflage, Wiesbaden 2014, S. 23-31, hier: S. 23ff.

Egle, Ulrich / Keimer, Imke: Digitaler Wandel im Controlling, Zug 2016, S.1ff.

Geier, Sebastian: Demand Fulfillment bei Assemble-to-Order, 1. Auflage, Wiesbaden 2014, S. 18

Gleich, Roland: Controller als Change Agent, in: Controllingprozesse optimieren, 1. Auflage, München 2013, S. 25-38, hier: 2. 27ff.

Grance, Timothy / Mell, Peter: The NIST defiiniton of cloud computing, in: NIST Special Publication 800-145, Gaithersburg 2011, S.2

Gronau / Thimm / Fohrholz: Business Analytics in der Deutschen Praxis – Aktueller Stand und Herausforderungen, in: Controlling, Januar 2016, S. 473-480, hier: S. 473f.

Hashemi / Ebadati / Kaur: Cost estimation and prediction in construction projects: a systematic review on machine learning techniques, in: SN Applied Sciences 2:1703, 2020, S. 1f.

Hebeler, Christian / Risse, Robert: Neue Herausforderungen im Supply Chain Controlling, in: Controlling & Management Review, 06/2019, S. 8 – 15, hier: S. 8ff.

Heister, Werner: Kostenmanagement, https://think4future.de/uploads/kosten/Kostenma- nagement.pdf, 27.08.2021

Henke et al: The Age of Analytics, auf: www.mckinsey.de/ files/the-age-of-analytics-full-report.pdf, 26.07.2021

Hofbauer / Glazunova / Hecht: Strategische Lieferantenauswahl, in: Working Papers der Technischen Hochschule Ingolstand, Heft 36 2015, S.8ff.

Kern, Daniel: Determining the Total Cost of Supply Chain: A TCO-Approach to Supply Chain Optimization, in: Essays on Purchasing and Supply Management, 1. Auflage, Wiesbaden 2011, S. 99-135, hier: S. 100

Kumar, Vaibhav / Garg, M.L.: Predictive Analytics: a review of trends and techniques, in: International Journal of Computer Applications, Volume 182, 2018, S.31

Mayr, Albert: Veränderung im Kostenmanagement durch die Digitalisierung, in: Feldbauer-Durstmüller (Hrsg.): Controlling – Aktuelle Entwicklungen und Herausforderungen, 1. Auflage, Wiesbaden 2019, S. 137-162, hier: S. 140

Mehanna / Tatzel / Vogel: Business Analytics im Controlling – Fünf Anwendungsfelder, in: Controlling – Zeitschrift für Erfolgsorientierte Unternehmenssteuerung, 8-9/2016, S. 502-508, hier: S. 505

Möller, Klaus / Pieper, Svenja: Predictive Analytics im Controlling, in: IM+io Fachzeitschrift für Innovation, Organisation und Management, 12/2014, S. 40-45, hier: S. 43

Turing, Alan: Computing Machinery and Intelligence, in: Mind, Ausgabe LIX / 236, Oxford 1950, S. 433-460, hier: S. 433ff.

Schallow et al.: Prospektive Ermittlung von Montagearbeitsinhalten. Gesamtsystematik zur konsistenten Nutzung von Montageplanungsinformationen in der Digitalen Fabrik. In: Zeitschrift für wirtschaftlichen Fabrikbetrieb 109 (2014) 11, S. 843-847, hier: S. 843ff.

Strauß, Christopher / Reuter, Erik: Die Rolle des Controllers – lokale Entwicklungen, globale Trends und Ausblick in die Zukunft, erschienen in: Controlling, Aktuelle Entwicklungen und Herausforderungen, 1. Auflage, Wiesbaden 2019, S. 59

Tirmizi, Zohaib: Chancen und Risiken von Business Intelligence Ansätzen der Distribuionslogistik, 2018, S. 9

Wu, Claudia: Total Suply Chain Cost Model, 1. Auflage, Cambridge 2005, S. 20

Petterson / Segerstedt: Measuring Supply Chain Cost, in: International Journal of Production, Ausgabe 143, Amsterdam 2013, S. 357-363, hier: S. 358

Zillmann, Mario: Ohne verlässliche Stammdaten geht es nicht, in: Controlling & Management Review, 06/2017, S. 68 - 72, hier: S. 68

Internetquellen

ABAS-ERP: Business Intelligence vs. Business Analytics – wo liegen die Unterschiede?, auf: https://abas-erp.com/de/news/business-analytics-vs-business-intelligence-wo-liegen-die-unterschiede, 28.07.2021

Accenture: Working Capital Analytics, 2020, auf: https://www.accenture.com/be-en/blogs/belux/working-capital-analytics-trapped-cash-set-free 30.08.2021

Bundesministerium für Wirtschaft und Energie: Informationen zur Unterstützung von Unternehmen, auf: https://www.bmwi.de/Redaktion/DE/Coronavirus/coronahilfe.html, 12.08.2021

Bundesministerium für Wirtschaft und Energie: Industrie 4.0, auf: https://www.bmwi.de/Redaktion/DE/Dossier/industrie-40.html, 27.07.2021

Bundesregierung: Digitalisierung gestalten – Umsetzungsstrategie der Bundesregierung, unter: https://www.bundesregierung.de/resource/blob/992814/1605036/ad8d8a0079e287f694f04cbccd93f591/digitalisierung-gestalten-download-bpa-data.pdfm, 26.07.2021

Cambridge Dicitonary: https://dictionary.cambridge.org/de/worterbuch/englisch/drilldown, 02.08.2021

Controllingportal: Bilanzkennzahlen zur Bilanzanalyse, auf: https://www.controllingportal.de/Fachinfo/Kennzahlen/Bilanzkennzahlen-zur-Bilanzanalyse.html, 09.07.2021

Controlling Wiki: Forecasting, auf: https://www.controlling-wiki.com/de/index.php/Forecasting

Dastani, Parsis: Predictive Sales, https://www.pwc.de/de/im-fokus/customercentrictransformation/predictive-sales.pdf, 27.08.2021

Fiedler, Rudolf: Mit Working Capital Management die Liquidität des Unternehmens verbessern, 2014, auf: https://www.iww.de/bbp/unternehmensberatung/controlling-mit-working-capital-management-die-liquiditaet-des-unternehmens-verbessern-f81437, 27.08.2021

Gartner Glossary: https://www.gartner.com/en/information-technology/glossary/diagnostic-analytics, 02.08.2021

Geretshuber, Daniela / Reese, Hendrik: Künstliche Intelligenz in Unternehmen, https://www.pwc.de/de/digitale-transformation/kuenstliche-intelligenz/studie-kuenstliche-intelli- genz-in-unternehmen.pdf, 31.08.2021

Götz, Fabian: Welche Kosten entstehen bei einem BI System, 2019, auf: https://www.heyde.ch/insights/was-kostet-ein-bi-system, 31.08.2021

Half, Robert: Deutliche Gehaltszulagen für Controller und Bilanzbuchhalter, 2008, auf: https://www.controllingportal.de/Fachinfo/Arbeitsmarkt/Deutliche-Gehaltszulagen-fuer-Controller-und-Bilanzbuchhalter.html, 31.08.2021

Hübner, Raimo: Kosten und Nutzen von Projektmanagement, 2013, auf: https://www.gpm-blog.de/kosten-und-nutzen-von-projektmanagement/, 31.08.2021

IBM: https://www.ibm.com/de-de/products/spss-statistics/pricing

IFM Bonn: https://www.ifm-bonn.org/definitionen/kmu-definition-der-eu-kommission, 09.08.2021

International Telecommunication Union: Overview of the internet of things, https://www.itu.int/ITU-T/recommendations/rec.aspx?rec=y.2060, 27.07.2021

it-zoom: Wie Datenanalysen den Materialfluss verbessern, auf: https://www.it-zoom.de/it-mittelstand/e/wie-datenanalysen-den-materialfluss-verbessern-19424/ 26.08.2021

Klein, Lana: Predictive Analytics as an Engine of R&D and new product launches, auf: https://www.kdnuggets.com/2015/08/predictive-analytics-rnd-product-launches.html, 31.08.2021

Klumbies, Hans: Datengrundlagen für Entscheidungen schaffen, auf: https://www.mittelstandswiki.de/wissen/Geschäftsanalytik, 28.07.2021

Konetzny, Michael: Ziele vom Personalentwicklungs-Controlling erreichen, auf: https://www.experto.de/businesstipps/ziele-vom-personalentwicklungs-controlling-erreichen.html, 31.08.2021

Lamberth, Sabrina / Weisbecker, Anette: Wirtschaftlichkeitsbetrachtungen beim Einsatz von Cloud Computing auf: https://dl.gi.de/bitstream/handle/20.500.12116/19828/123.pdf?sequence=1&isAllowed=y, 30.08.2021

Laroque, Christoph: Predictive Analytics im Supply Chain Management, auf: http://www.industry-analytics.de/predictive-analytics-im-supply-chain-management/, 2018, 26.08.2021

Luber, Stefan: Was ist Prescriptive Analytics, 2018, auf: https://www.bigdata-insider.de/was-ist-prescriptive-analytics-a-675521/, 05.08.2021

Meier, Sylvia: Supply Chain Controlling hat großen Optimierungsbedarf, auf: https://www.springerprofessional.de/beschaffungscontrolling/controlling/supply-chain-controlling-muss-verbessert-werden/17344422, 2019, 09.08.2021

Meier, Sylvia: Stellenmarkt für Finance-Experten hat Krise überwunden, 2021, auf: https://www.springerprofessional.de/personalmanagement/personalcontrolling/der-kampf-um-qualifizierte-finanzfachkraefte-ist-eroeffnet/11023376, 31.08.2021

merriam-webster.com: 26.07.2021

Nasca, Deborah: Definition: Was bedeutet Forecast im Controlling, 2018, auf: https://www.haufe.de/controlling/controllerpraxis/forecast-controlling/definition-was-bedeutet-forecast-im-controlling_112_453392.html, 27.08.2021

Ople: https://ople.ai/ai-blog/how-automl-paves-the-path-to-predictive-and-prescriptive-analytics/, 28.07.2021

OWID: owid.de, 26.07.2021

Power BI: https://powerbi.microsoft.com/de-de/desktop/

SAS: Big Data, auf: https://www.sas.com/de_de/insights/big-data/what-is-big-data.html, 27.07.2021

Selbach GmbH: So profitieren FInance und Controlling von predictive Analytics, auf: https://www.selbach-gmbh.de/so-profitieren-finance-und-controlling-von-predictive-analytics/,

Semmelmann, Kilian: Was ist Prescriptive Analytics? auf: https://datadrivencompany.de/prescriptive-analytics/, 05.08.2021

Steffens, Thorsten: Working Capital Management als Instrument des Finanzcontrollings, https://www.controllingportal.de/Fachinfo/Grundlagen/Working-Capital-Management-als-Instru- ment-des-Finanzcontrolling.html, 12.08.2021

Steinhübel, Volker: Historische Entwicklung des Controllings, auf: https://www.controllingportal.de/Fachinfo/Grundlagen/Historische-Entwicklung-des-Controllings.html, 31.08.2021

Stepstone: www.stepstone.de

Struck, Ann-Marie: IT Service Preisspiegel 2019, auf: https://www.datacenter-insider.de/it-servicepreisspiegel-2019-a-796537/, 31.08.2021

Tableau: Was ist Business Intelligence, auf: https://www.tableau.com/de-de/learn/articles/business-intelligence, 28.07.2021

Tagesschau.: Händler befürchten Pleitewelle, auf: https://www.tagesschau.de/wirtschaft/corona-folgen-handel-101.html, 12.08.2021

Taschner, Andreas / Charifzadeh, Michael: Steuerung der Materialflüsse, auf: https://www.haufe.de/controlling/controllerpraxis/supply-chain-controlling/steuerung-der-materialfluesse_112_227878.html, 30.06.2021

Wirtschaftslexikon Gabler: https://wirtschaftslexikon.gabler.de/definition/stammdaten-43248, 11.08.2021

WhosOn: Chatbot Learning – Everything you need to know about machine learning chatbots, auf: https://www.whoson.com/chatbots-ai/chatbot-learning-everything-need-know-machine-learning-chatbots/, 27.07.2021

Wöstmann et al.: Big Data Analytics in der Auftragsabwicklung – Erschließung ungenutzter Potentiale in der variantenreichen Kleinserienfertigung, auf: www.industrie-management.de/node/104, 27.08.2021

Zolper, Niklas: Reverse Factoring, 2013, auf: https://finanzierung.com/reverse-factoring/, 30.08.2021

Quellen- und Literaturverzeichnis

Weiteres

Bundesministerium für Wirtschaft und Energie: Industrie 4.0 und Digitale Wirtschaft – Impulse für Wachstum, Beschäftigung und Innovation, Berlin 2015, S.3

Bundesamt für Sicherheit und Informationstechnik: Risiken und Chancen des Einsatzes von RFID-Systemen, Bonn 2005, S. 23ff.

Dietz et al.: Personalsuche in Deutschland: Kleine und mittlere Betriebe im Wettbewerb um Fachkräfte, in: IAB-Kurzbericht, 10/2013, S. 2ff.

Fraunhofer Institut: Big Data Analytik, auf: https://www.ipa.fraunhofer.de/de/Publikationen/studien/studie-big-data-analytik.html, 26.07.2021

Fraunhofer Institut für System- und Innovationsforschung: Produktion in Zeiten der Corona-Krise, 2020, auf: https://www.isi.fraunhofer.de/content/dam/isi/dokumente/modernisierung-produktion/erhebung2018/PI_78_Produktion_in_Corona_Web.pdf, 31.08.2021

Gänßlen et al.: Grundsatzposition des ICV und der IGC, Wörthsee / St. Gallen 2012, S. 2f.

maxmatch Personalberatung GmbH: Fachkräftemangel im Finanz-Bereich, 2021, auf: https://maxmatch.de/wp-content/uploads/2020/07/maxmatch_Personalberatung_Whitepaper_Fachkraeftemangel_im_Finanzbereich.pdf, 31.08.2021